PSYCHODYNAMIK **Kompakt**

Herausgegeben von
Franz Resch und Inge Seiffge-Krenke

Oliver Bilke-Hentsch / Tagrid Leménager

Suchtmittelgebrauch und Verhaltenssüchte bei Jugendlichen und jungen Erwachsenen

Mit 3 Tabellen

Vandenhoeck & Ruprecht

Bibliografische Information der Deutschen Nationalbibliothek:
Die Deutsche Nationalbibliothek verzeichnet diese Publikation in der
Deutschen Nationalbibliografie; detaillierte bibliografische Daten sind
im Internet über http://dnb.de abrufbar.

© 2019, Vandenhoeck & Ruprecht GmbH & Co. KG,
Theaterstraße 13, D-37073 Göttingen
Alle Rechte vorbehalten. Das Werk und seine Teile sind urheberrechtlich
geschützt. Jede Verwertung in anderen als den gesetzlich zugelassenen Fällen
bedarf der vorherigen schriftlichen Einwilligung des Verlages.

Umschlagabbildung: Paul Klee, Goldfisch-Weib, 1921/akg-images

Satz: SchwabScantechnik, Göttingen
Druck und Bindung: ⊕ Hubert & Co. BuchPartner, Göttingen
Printed in the EU

Vandenhoeck & Ruprecht Verlag | www.vandenhoeck-ruprecht-verlage.com

ISSN 2566-6401
ISBN 978-3-525-40645-8

Inhalt

Vorwort zur Reihe 9

Vorwort zum Band 11

Vorbemerkungen 13

1 Epidemiologie 17
   1.1 Allgemeine Überlegungen 17
   1.2 Stoffgruppen und Verhaltenssüchte 19
   1.3 Pathologischer Medien- und Internetgebrauch 21

2 Klinische Klassifikation und Verlaufsformen von stoffgebundenen Abhängigkeitserkrankungen und Verhaltenssüchten 22
   2.1 Stoffgebundene Süchte 22
      2.1.1 Legalisierte Substanzen 26
      2.1.2 Illegalisierte Substanzen 26
   2.2 Verhaltenssüchte 27
      2.2.1 Internet- und Computerspielsucht 27
      2.2.2 Andere Verhaltenssüchte 28

3 Klassifikation des Drogenkonsums nach ICD-10 32
   3.1 Schädlicher Gebrauch (F1x.1) 32
   3.2 Abhängigkeitssyndrom (F1x.2) 32
   3.3 Psychotische Störung (F1x.5) 33
   3.4 Akute Vergiftung 34

4 Entwicklungsaufgaben und Entwicklungspsychopathologie 35
 4.1 Suchtmittelkompetenz als Entwicklungsaufgabe 35
 4.2 Entwicklungspsychopathologie als Grundkonzept 36
 4.3 Evidence Based Medicine und Leitlinien 40

5 Suchtdynamik und Neurobiologie 42

6 Diagnostik und Differenzialdiagnostik 45
 6.1 Störungsspezifische Diagnostik 45
  6.1.1 Allgemeine Anamnese und stoffgebundene Süchte 45
  6.1.2 Diagnostik: Medien- und internetbezogene Störungen 47
 6.2 Die Operationalisierte Psychodynamische Diagnostik im Kindes- und Jugendalter (Arbeitskreis OPD-KJ-2) 52
 6.3 Apparative, Labor- und Testdiagnostik 54

7 Therapieansätze 55
 7.1 Interdisziplinäre Behandlungsplanung 55
 7.2 Grundsätzliche Indikationsstellung 56
  7.2.1 Therapeutischer Fokus und Ansatzpunkt 56
  7.2.2 Grundsätze der Arbeit mit medien- und internetabhängigen Adoleszenten und Jungerwachsenen 58
 7.3 Psychodynamische Ansätze im Besonderen 59
  7.3.1 Psychodynamische Ansätze bei medien- und internetbezogenen Störungen 60
  7.3.2 Beziehungs- und Bindungsaspekte 62
  7.3.3 Konfliktthemen 63
  7.3.4 Strukturelle Themen 65
 7.4 Weitere Therapieoptionen 66
  7.4.1 Pharmakotherapie bei stoffgebundenen Süchten ... 66
  7.4.2 Kognitiv-behaviorale Ansätze 67
  7.4.3 Systemische Therapieansätze 68

8 Methodenintegration und Adaptation als Langzeitaufgabe
   von Praxis, Klinik und Forschung 69

9 Zukunftsthemen 71

Literatur 73

Vorwort zur Reihe

Zielsetzung von PSYCHODYNAMIK KOMPAKT ist es, alle psychotherapeutisch Interessierten, die in verschiedenen Settings mit unterschiedlichen Klientengruppen arbeiten, zu aktuellen und wichtigen Fragestellungen anzusprechen. Die Reihe soll Diskussionsgrundlagen liefern, den Forschungsstand aufarbeiten, Therapieerfahrungen vermitteln und neue Konzepte vorstellen: theoretisch fundiert, kurz, bündig und praxistauglich.

Die Psychoanalyse hat nicht nur historisch beeindruckende Modellvorstellungen für das Verständnis und die psychotherapeutische Behandlung von Patienten hervorgebracht. In den letzten Jahren sind neue Entwicklungen hinzugekommen, die klassische Konzepte erweitern, ergänzen und für den therapeutischen Alltag fruchtbar machen. Psychodynamisch denken und handeln ist mehr und mehr in verschiedensten Berufsfeldern gefordert, nicht nur in den klassischen psychotherapeutischen Angeboten. Mit einer schlanken Handreichung von 70 bis 80 Seiten je Band kann sich die Leserin, der Leser schnell und kompetent zu den unterschiedlichen Themen auf den Stand bringen.

Themenschwerpunkte sind unter anderem:
- *Kernbegriffe und Konzepte* wie zum Beispiel therapeutische Haltung und therapeutische Beziehung, Widerstand und Abwehr, Interventionsformen, Arbeitsbündnis, Übertragung und Gegenübertragung, Trauma, Mitgefühl und Achtsamkeit, Autonomie und Selbstbestimmung, Bindung.
- *Neuere und integrative Konzepte und Behandlungsansätze* wie zum Beispiel Übertragungsfokussierte Psychotherapie, Schematherapie, Mentalisierungsbasierte Therapie, Traumatherapie, internet-

basierte Therapie, Psychotherapie und Pharmakotherapie, Verhaltenstherapie und psychodynamische Ansätze.
- *Störungsbezogene Behandlungsansätze* wie zum Beispiel Dissoziation und Traumatisierung, Persönlichkeitsstörungen, Essstörungen, Borderline-Störungen bei Männern, autistische Störungen, ADHS bei Frauen.
- *Lösungen für Problemsituationen in Behandlungen* wie zum Beispiel bei Beginn und Ende der Therapie, suizidalen Gefährdungen, Schweigen, Verweigern, Agieren, Therapieabbrüchen; Kunst als therapeutisches Medium, Symbolisierung und Kreativität, Umgang mit Grenzen.
- *Arbeitsfelder jenseits klassischer Settings* wie zum Beispiel Supervision, psychodynamische Beratung, Soziale Arbeit, Arbeit mit Geflüchteten und Migranten, Psychotherapie im Alter, die Arbeit mit Angehörigen, Eltern, Familien, Gruppen, Eltern-Säuglings-Kleinkind-Psychotherapie.
- *Berufsbild, Effektivität, Evaluation* wie zum Beispiel zentrale Wirkprinzipien psychodynamischer Therapie, psychotherapeutische Identität, Psychotherapieforschung.

Alle Themen werden von ausgewiesenen Expertinnen und Experten bearbeitet. Die Bände enthalten Fallbeispiele und konkrete Umsetzungen für psychodynamisches Arbeiten. Ziel ist es, auch jenseits des therapeutischen Schulendenkens psychodynamische Konzepte verstehbar zu machen, deren Wirkprinzipien und Praxisfelder aufzuzeigen und damit für alle Therapeutinnen und Therapeuten eine gemeinsame Verständnisgrundlage zu schaffen, die den Dialog befördern kann.

Franz Resch und Inge Seiffge-Krenke

Vorwort zum Band

Der riskante Konsum von Suchtmitteln und verhaltensbezogene Suchtformen begleiten die Menschheit durch alle Zeiten und Kulturen. Jeder Mensch macht damit Bekanntschaft und muss sich dazu in Beziehung setzen. Ein souveräner und alltagsentsprechender Umgang mit Suchtmitteln und die Kontrolle von suchterzeugenden Verhaltensweisen stellen sich als Entwicklungsaufgaben der Adoleszenz dar. Eine notwendige Selbstverantwortung und elaborierte Bewältigungskompetenzen kommen dabei zum Tragen. Psychodynamische Gesichtspunkte kennzeichnen ein Rahmenkonzept, das Entstehung, Diagnostik und Behandlung in einen Sinnkontext einbettet. Süchtiges Verhalten kann nicht nur neurobiologisch oder verhaltensphysiologisch erklärt werden, denn es bedarf eines kontextuellen Verstehens von Anfangsbedingungen, neugierigem Ausprobieren und Nutzungsgewohnheiten bei Jugendlichen und jungen Erwachsenen in ihrer Gleichaltrigengruppe, um lokale Besonderheiten, »Epidemien« und Einzelschicksale in der heutigen Jugendkultur besser erkennen und interpretieren zu können.

Die Autoren beginnen mit epidemiologischen Überlegungen und zeigen auf, dass die sozialpolitischen, kriminologischen und medizinischen Statistiken niemals den Bezug zum Einzelfall vorwegnehmen können und nur grobe – gesamtgesellschaftlich relevante – Überblicke über die Trends und Gefahren bei einzelnen Stoffgruppen oder medialen Konsummustern geben können. Die Verlaufsformen von stoffgebundenem Suchtverhalten und Verhaltenssüchten (z. B. Internet- und Computerspielsucht) werden in Anlehnung an die klassischen Diagnosemanuale dargestellt. Schließlich wird die derzeit gängige Klassifikation des Drogenkonsums nach der internationalen europäischen Klassifikation (ICD-10) präsentiert.

Ein Kapitel über die Entwicklungspsychopathologie des Suchtverhaltens im Jugendalter ergänzt die Übersicht und mündet in einer multiaxialen Klassifikation der Störungen, wie sie im Jugend- und jungen Erwachsenenalter typischerweise durchgeführt wird. Auch eine kurze Darstellung des Zusammenhangs von Suchtdynamik und Neurobiologie fehlt nicht.

Der Diagnostik und Differenzialdiagnostik wird großes Augenmerk geschenkt. Auch die Anwendung der Operationalisierten Psychodynamischen Diagnostik zur Differenzierung von süchtigem Verhalten wird beschrieben. Kapitel 7 widmet sich ausführlich den Therapieansätzen, wobei alle Interventionen auf der Basis einer interdisziplinären Behandlungsplanung beruhen. Die psychodynamischen Behandlungsansätze im Besonderen fokussieren auf die Beziehungsaspekte, Konfliktthemen und strukturellen Schwächen des jugendlichen Selbst. Ein Zukunftsausblick beschließt das Buch, das von einem großen Wohlwollen gegenüber den jugendlichen und spätadoleszenten Patientinnen und Patienten getragen ist und die langjährige Erfahrung der Autoren mit dieser Gruppe im Speziellen widerspiegelt.

Das Buch gibt eine breite Information zur Diagnostik und Behandlung einer Risikogruppe von jugendlichen Patienten, die durch eine psychodynamische Perspektive erst in ihrem Verhalten und in ihren Verstrickungen mit Medien und/oder Substanzen sichtbar gemacht werden können.

Franz Resch und Inge Seiffge-Krenke

Vorbemerkungen

Suchtmittel und verhaltensbezogene Suchtformen begleiten die Menschheit seit Jahrtausenden. Sie treten als Seuche und Epidemie auf, wie aktuell in den USA mit der Opioid-Schmerzmittelepidemie, in der Antike als Würfelspiel, als selbstverständliches, anerkanntes gesellschaftliches (Kultur-)Phänomen, wie im Bereich der Weinkunde oder der Zigarren, als vorübergehende szenegebundene Phase wie im Bereich der Technomusik, als technologiegetriebene Veränderung (Web 2.0) und in vielen anderen Kontexten. Stets ist ein Spannungsfeld zwischen individuellem Risiko, individuellem Genuss und gesellschaftlichen und peergroupbezogenen Faktoren festzustellen, das letztlich nicht aufzulösen ist. Wie andere psychische Störungen sind Suchtstörungen in ihrer Anfangsphase gut psychodynamisch zu erklären, auch wenn stark wirksame Substanzen genutzt werden. Sie sind damit verstehbar und auch angehbar. Im weiteren Verlauf nehmen aus neurobiologischen Gründen die physiologischen Phänomene der Gewöhnung und Abhängigkeit zu, sodass psychodynamisches Herangehen, zumindest vorübergehend, als scheinbar nicht nützlich erscheint.

Für ein Gesamtverständnis des Gewordenseins und der Genese eines Suchtmittelabhängigen und schädlich missbrauchenden Jugendlichen ist es aber trotz vielleicht vorübergehender Intoxikation oder absoluter Entgiftungsnotwendigkeit von höchster Bedeutung für die langfristige Gesamtplanung, wenn man psychodynamische Zusammenhänge versteht.

Diese sind nicht unbedingt sofort in konkrete Therapieschritte, Manuale und in der Qualitätssicherung nachweisbare Prozeduren umzusetzen, sondern bieten – ähnlich wie eine systemische Sichtweise – ein langfristiges Rahmenkonzept und ein individualisiertes Ableiten der Behandlungsschritte. Dementsprechend hat die Psychodynamik im Bereich des Suchtmittelgebrauchs und der Verhaltenssüchte stets die aktuelle Lebenssituation des Klienten mit zu betrachten und familiäre und peerbezogene Faktoren in ihrer unmittelbaren Wirksamkeit und nicht nur ihrer Repräsentanz aus früheren Lebensphasen mit zu berücksichtigen. So ergibt sich im Einzelfall ein zwar durch das Suchtmittel und die gesellschaftlichen Rahmenbedingungen (Gesetze, Verfügbarkeit etc.) mit bedingtes Bild, das letztlich aber das Individuum an sich betrifft.

Spätestens seit den 1980er Jahren wird der souveräne und sichere alltagsentsprechende Umgang mit Suchtmitteln nicht als Problematik an sich verstanden, sondern als in einer bestimmten Zeitphase zu bewältigende Entwicklungsaufgabe. Dies ist ein grundsätzlicher Paradigmenwechsel gegenüber einem durch Szene- und Gruppenzugehörigkeit oder gesamtgesellschaftlich erklärbaren Gebrauch, der das Individuum quasi sekundär trifft.

In der heutigen spätmodernen Welt und ihren vielfältigen Lebensformen ist der einzelne Jugendliche aufgefordert, zunehmend »Selbstverantwortung« und »Kompetenzen« zu entwickeln, nicht nur in schulischen und leistungsbezogenen Lebensbereichen, sondern auch in den großen Entwicklungsaufgaben wie etwa einem adäquaten, gesunden Umgang mit Sexualität, Aggressivität und eben auch mit Suchtmitteln aller Art. Junge Erwachsene müssen entsprechend ihrer herausgeschobenen Entwicklungsdynamik ihre Identitätsentwicklung vorantreiben und beruflich und partnerschaftlich neue Erfahrungen sammeln sowie den Auszug aus dem Elternhaus bewältigen. Die externe Begleitung durch einen Coach oder eine Therapeutin stellt dann ggf. die Resilienz des Individuums und damit auch seine Struktur und individuelle Konfliktlösefähigkeit in den Vordergrund.

In diesem Band soll dieser Thematik unter psychodynamischem Gesichtspunkt nachgegangen werden, wobei stets zu beachten ist, dass die Psychodynamik ein hilfreiches individuelles (und familiäres) Rahmenkonzept bieten kann und die anderen Parameter wie

Epidemiologie, Neurobiologie, Physiologie und Toxikologie sowie legale Rahmenbedingungen dabei eine ebenso zentrale Rolle spielen. Daher sind diese Rahmenbedingungen bei der Lektüre – und bei jeder Diagnostik und Behandlung – stets unter psychodynamischem Aspekt mit zu durchdenken.

Es sei gesagt, dass der Ausdruck der Sucht im engeren Sinne schwersten, perakuten oder chronifizierten Fällen vorbehalten bleibt, die im Rahmen der Kriterien der ICD-10, bald der ICD-11 und – deutlich weniger günstig operationalisiert – des DSM-5 die jeweiligen Schwere- und Zeitkriterien erfüllen. Viel häufiger wird es der Praktiker und Kliniker mit einem schädlichen Gebrauch und unterschiedlichen Übergangs- und Mischformen zu tun haben. Aus dem Blickwinkel einer HIV-infizierten Polytoxikomanie oder eines Korsakow-Syndroms bei Alkoholismus oder einer therapieresistenten Tranquilizerabhängigkeit im Greisenalter wirken diese ggf. vorübergehenden Phänomene manchmal nicht »schwer« und klinisch bedeutsam.

Im Konzept der Entwicklungspsychopathologie und der Entwicklungsaufgaben sind es aber umschriebene Zeitphasen, wie die Vorbereitung auf den Ausbildungsbeginn, das Lernen für das Abitur oder der anstehende Auszug aus dem Elternhaus, die durch einen »nur« schädlichen Gebrauch derart verzögert oder verhindert werden, dass die grundsätzliche Entwicklung und soziale Integration eines Jugendlichen behindert ist. Die Adoleszenz und das junge Erwachsenenalter stellen die zentralen Lernphasen für den Aufbau einer gesunden Identität dar. Aus der maladaptiven »Lösung« eines realen Problems oder eines zwischenmenschlichen Konflikts durch ein Suchtmittel kann besonders in dieser Lebensphase ein generalisierter »Konfliktbewältigungsstil« entstehen.

Der weitaus zu beobachtenden gesellschaftlichen Toleranz und Laisser-faire-Haltung steht somit der individuelle erhebliche Schaden gegenüber.

In diesem Band werden zunächst epidemiologische Daten orientierend dargestellt, wobei die aktuelle Sekundärliteratur neue Hinweise beispielsweise auf Trends gibt. Es werden die unterschiedlichen Erscheinungsformen, orientiert an der ICD-10 und wo sinnvoll ICD-11 (Beta Draft, Stand 1/2019), dargestellt, die den aktuellen Stand der klassifikatorischen Entwicklung und Fachdiskussion wiedergibt und dem Leser, der Leserin als Sekundärliteratur empfohlen wird. Das Konzept von Suchtmittelkompetenz als Entwicklungsaufgabe wird kritisch dargestellt und beleuchtet und es wird der frühzeitige Unterschied zwischen stoffgebundenen und den mittlerweile mitten im klinischen Alltag angekommenen Verhaltenssüchten erläutert. Eine sorgfältige Differenzialdiagnose zwischen Intoxikation, schädlichem Gebrauch und anderen Phänomenen wird des Weiteren thematisiert, auch im Hinblick auf die Relevanz und die Durch- und Umsetzbarkeit des Abstinenzparadigmas. Die Verschränkung von Suchtdynamik, Psychodynamik und neurobiologischen Phänomenen wird als Grundlage erörtert, um jeweilige Erklärungsmodelle in Abhängigkeit von den Altersphasen aufzuzeigen, die je nach Einzelfall für eine langfristige Therapieplanung nützlich sein können.

Zur Diagnostik bedient man sich der gängigen Explorations- und Fragebogenverfahren auf der einen Seite, auf der anderen Seite wird ein auf Suchtmittelkonsum und Verhaltenssüchte modifiziertes OPD-KJ-2-Vorgehen dargestellt, das in den nächsten Jahren sicher weiter methodisch und praktisch-empirisch auszubauen ist. Die unterschiedlichen möglichen Therapieansätze sowie reale Zukunftsthemen in diesem Sektor bilden den Abschluss, wobei der Fokus auf die modernen Verhaltenssüchte gelegt wird.

Letztlich gilt es zu bedenken, dass viele Suchtmittel – in entsprechender Dosis, Intensität und Häufigkeit genutzt – auch als gesellschaftlich anerkannte und individuell ggf. sehr angenehme Genussmittel gelten können und müssen.

Dieses Buch redet daher nicht einer vollständigen Abstinenz und einem damit bedingten Ausblenden der Ambivalenz gegenüber dieser Thematik das Wort, sondern einem bewussten, ggf. bewusst gewordenen und bewusst gemachten Umgang mit diesen Phänomenen im Kontext der Entwicklung von Störungen und Altersphasen.

1 Epidemiologie

1.1 Allgemeine Überlegungen

Es gibt wenige Phänomene im entwicklungspsychiatrischen und psychodynamischen Kontext, die derart regelmäßig aus unterschiedlichen Blickwinkeln individuell und empirisch beobachtet werden wie der Suchtmittelgebrauch. Dies liegt an der sozialen, politischen und rechtlichen Bedeutung der Thematik, was sich in der Bundesrepublik zum Beispiel durch die Einrichtung der Landes- und Bundesdrogenbeauftragten (im Range eines Staatssekretärs) zeigt. Die Bundeszentrale für gesundheitliche Aufklärung (BZgA), die europäische Kontrollstelle für Drogengebrauch in Lissabon (EMCDDA), die damit beauftragten Fachinstitute, wie das Institut für Therapieforschung (IFT) in München, sowie andere regionale und lokale behördliche und private Institutionen erheben regelmäßig seit über zwanzig Jahren die aktuellen Nutzungsgewohnheiten und langfristigen Trends. Auf den Websites dieser Institutionen (u. a. www.bzga.de; www.ift.de) sind die aktuellen Zahlen zu finden. Der jährliche Drogenbericht der Bundesdrogenbeauftragten gibt ebenso einen fundierten Überblick (www.bmg.gov).

Die Problematik hierbei ist, dass viele dieser Daten auf Befragungen basieren und damit nicht auf »objektiven« Fakten im engeren Sinne. Dennoch ist die Aussage-Ehrlichkeit junger befragter Menschen hoch und man kann davon ausgehen, dass vor allem die Relationen zwischen den einzelnen Substanzen und Verhaltensweisen sowie die langfristigen Trends gut abgebildet werden.

Ergänzt werden diese Daten durch kriminalpolizeiliche Statistiken, Sicherstellungsstatistiken und andere interessante Untersuchungsformen wie die Messung von Abbauprodukten von Substanzen im Abwasser von Großstädten. Hinzu kommen die konkreten Zahlen beispielsweise von Notaufnahmen (etwa beim sog. »Koma-Saufen«) und die Todesfallstatistiken.

Eine vollständige Analyse der Drogen- und vor allem der Verhaltenssuchtproblematik ist nie komplett erreichbar; aus den genannten Bausteinen lässt sich aber ein Gesamtbild beschreiben.

Problematisch für die psychosomatisch vorgehende Therapeutin und Diagnostikerin bei all diesen empirischen Zugangsweisen ist die Frage der entsprechenden Bewertung und des entsprechenden Übergangs zum Einzelfall. Fühlt sich der Psychodynamiker der evidenzbasierten Medizin verpflichtet (siehe Kapitel 4.3), wird er sich fragen, welche der vielfältigen Statistiken für seine Klienten- und Patientengruppen und für das Individuum von Relevanz ist.

Wichtig sind unter therapeutischem Aspekt langfristige Trends, Verfügbarkeiten, Legalisierungen und Illegalisierungen sowie gesellschaftliche Grundhaltungen gegenüber Suchtmittelkonsum und Suchtmittelkompetenz.

Zu beachten sind auch regionale »Epidemien« wie aktuell die Crystal-Meth-Epidemie, die vor allem im tschechischen Grenzgebiet, in Sachsen und Bayern eine dramatische Rolle spielt, aber bereits in Berlin oder München eine untergeordnete Bedeutung hat. Dies kann sich in einem »freien Markt« allerdings auch in kurzen Zeiträumen ändern. Dennoch gibt es lokale, regionale und auch nationale Phänomene, die auch in einer globalisierten Welt und einer medialisierten Jugendkultur begrenzt bleiben.

Des Weiteren ist bei der Berücksichtigung epidemiologischer Daten stets auf die Fragestellung und die Altersfenster zu achten. Heißt die Frage: »Hast du schon einmal in deinem Leben Cannabis eingenommen?« oder »Hast du in den letzten vier Wochen Cannabis eingenommen?« oder »Wie war deine heutige Tagesdosis?«, wären wir bei einem 12-jährigen Bergbauernsohn ausgesprochen überrascht, bei allen drei Fragen eine positive Antwort zu finden. Für einen 17-Jährigen in einer Großstadt wäre es dagegen ungewöhnlich, keinerlei

Probierkonsum durchgeführt zu haben. Vorerfahrungen eines Therapeuten aus seiner eigenen Jugend, die naturgemäß von Jahr zu Jahr weiter zurückliegt, sind begrenzt nützlich. Verfügbarkeit, Preis, lokale Besonderheiten, gesetzliche Bedingungen und gesellschaftliche Trends haben sich unter Umständen derart verändert, dass der individuelle Bezugsrahmen der Fachperson – sei er noch so gut reflektiert und supervidiert – wenig hilfreich ist.

Dies gilt vielleicht weniger für Nikotin und Alkohol, aber sicher für neu oder scheinbar neu auftauchende Substanzen wie Crystal Meth oder seit den späten 1990er Jahren Ecstasy und für moderne Verhaltenssüchte und hochpotente Cannabiszüchtungen. Eine durch hochpotentes THC (anonym per Fahrradkurier gebracht) begleitete Instagram-Abhängigkeit mit Echtzeit-Gewichtsmessung am Smartphone war während der Gymnasialzeit einer heute 45-jährigen Psychotherapeutin im Jahre 1988 schlicht unmöglich – und wohl auch undenkbar.

1.2 Stoffgruppen und Verhaltenssüchte

In den 1980er und 1990er Jahren waren rauchende Menschen im Fernsehen, auf der Straße oder in Restaurants und Kliniken ein alltägliches Bild. Der Anteil der 12- bis 17-jährigen Raucher hat sich seit dem Jahr 2001 (27,5 %) um fast 20 % reduziert, die Prävalenz in dieser Altersgruppe betrug im Jahr 2016 noch 7,4 %. Dies bestätigt sich auch bei Betrachtung des Verlaufs der Nie-Raucher-Quote. 80,9 % (im Vergleich zu 27,5 % im Jahr 2001) der 12- bis 17-Jährigen gaben an, noch nie geraucht zu haben. Dennoch kann die Zahl von insgesamt 10,8 % abhängigen Rauchern zwischen 18 und 64 Jahren in Deutschland als recht hoch eingeschätzt werden (Pabst, Kraus, Matos u. Piontek, 2013).

Daneben zeigte sich auch beim regelmäßigen Alkoholkonsum (definiert als der Konsum von Alkohol mindestens einmal pro Woche) ein rückläufiger Trend bei Jugendlichen. So gaben 2016 10,0 % der 12- bis 17-Jährigen einen regelmäßigen Alkoholkonsum an. Im

Jahr 2001 waren es noch 17,9 % und 2007 21,6 %. Insgesamt wird die Prävalenz alkoholabhängiger Patienten in Deutschland auf 3,4 % geschätzt (Papst et al., 2013).

Auch die Zahlen des Konsums illegaler Drogen haben sich verringert. Die Prävalenz regelmäßigen Cannabiskonsums (mehr als zehn Mal in den letzten zwölf Monaten) hat sich, laut den regelmäßigen Erhebungen der Bundeszentrale für gesundheitliche Aufklärung (www.bzga.de), seit 2001 in der jugendlichen Bevölkerung (12 bis 17 Jahre) um mehr als die Hälfte reduziert. Bei den weiblichen Befragten sank der regelmäßige Konsum von 2,6 auf 1,1 % und bei den männlichen von 1,5 auf 0,5 %. Bei den 18- bis 25-Jährigen hingegen scheint der Konsum seit 2001 mit ca. 4 % unverändert geblieben zu sein. Insgesamt wird die Prävalenz von Cannabisabhängigkeit und missbräuchlichem Konsum in Deutschland auf 0,5 % geschätzt.

Betrachtet man das Konsummuster anderer illegaler Drogen, so werden die Prävalenzzahlen von abhängiger Nutzung in der Altersgruppe zwischen 18 und 64 Jahren für Kokain auf 0,1 %, Amphetamine auf 0,2 % und für Schmerzmittel auf 3,4 % geschätzt (Papst et al., 2013).

Es liegen seit 2015 bundesweite Daten zu den Konsumtrends bei Crystal Meth vor. In der Drogenaffinitätsstudie der BZgA gab es in der Altersgruppe der 12- bis 17-Jährigen nur vereinzelte Jugendliche, die berichteten, schon einmal Crystal Meth konsumiert zu haben (Orth, 2016). Die Lebenszeitprävalenz des Crystal-Meth-Konsums lag weit unter 1 %. Von den jungen Erwachsenen im Alter zwischen 18 und 25 Jahren gaben 0,6 % an, mindestens einmal im Leben Crystal Meth konsumiert zu haben. Dennoch zeigt der deutsche Drogenbericht 2016 (Die Drogenbeauftragte der Bundesregierung, 2016) eine gestiegene Zahl von 24 auf 26 Drogentodesfälle durch monovalente/polyvalente Vergiftungen mit Methamphetamin (Crystal Meth).

Trotz der gesunkenen Prävalenzen erweckt die beschleunigte Zunahme von Drogenhandelsplattformen im sogenannten Darknet die Befürchtung einer hohen Dunkelziffer an Drogenkonsumenten. Das Liefern der Drogen wird von Zustelldiensten (z. B. Fahrradkuriere) übernommen, welche meist ahnungslos bezüglich des Inhaltes ihrer Sendungen sind. Trotz zunehmender Möglichkeiten, die Betreiber illegaler Plattformen im Darknet zu identifizierten, steigt laut Drogenbericht 2017 der internationale Drogenhandel über das Darknet stetig. Dementsprechend bleibt die Entwicklung auch in den deutschsprachigen Ländern noch abzuwarten.

1.3 Pathologischer Medien- und Internetgebrauch

Ein gestörtes Medienverhalten zeigen die großen epidemiologischen Studien der letzten Jahre im deutschsprachigen europäischen Raum (Pinta-Studie: Rumpf Meyer, Kreuzer u. John, 2012; Seyle-Studie: Durkee et al., 2012; BLIKK-Studie: Riedel, Büsching u. Brand, 2017) bei etwa 10–12 % der Jugendlichen, das heißt für Deutschland etwa zwei Millionen Personen, für die Schweiz ca. 200.000. Was die Prävalenz der Internetsucht in Deutschland betrifft, haben sich laut der Drogenaffinitätsstudie der BZgA die Zahlen im Vergleich zu 2011 bei den männlichen und weiblichen 12- bis 17-Jährigen auf 5,3 und 6,2 % im Jahr 2015 fast verdoppelt. Bei den jungen Erwachsenen (18 bis 25 Jahre) haben sich die Werte im Jahr 2015 nur geringfügig gesteigert (aktuell bei den Männern 2,5 % und bei den Frauen 2,6 %). Auch international scheinen jüngere Bevölkerungsgruppen eher von Internetsucht betroffen zu sein.

2 Klinische Klassifikation und Verlaufsformen von stoffgebundenen Abhängigkeitserkrankungen und Verhaltenssüchten

2.1 Stoffgebundene Süchte

Die Einnahme von Suchtmitteln hat bis vor einigen Jahren den Hauptteil von Sucht- und Abhängigkeitsproblemen im Jugendalter und jungen Erwachsenenalter ausgemacht. In ungefährer Reihenfolge der epidemiologisch vielfach nachgewiesenen Abfolge von Nikotin, Alkohol, Cannabis und dann weiteren Drogen zeigen sich auch die Gefährdungspotenziale. Unter psychodynamischem Aspekt ist zu beachten, dass die jeweilige biochemisch aktive Substanz nicht auf eine emotionale und intellektuelle »Tabula rasa« trifft, sondern auf ein gewordenes Individuum, mit spezifischen Ängsten, Wünschen, Abwehrmechanismen und einer psychischen Struktur. Diese psychodynamischen Aspekte sind der biochemischen Substanz als solcher zwar sozusagen »gleichgültig«, bedingen aber unterschiedliche Wirkformen.

Die klinischen Manuale psychischer Störungen ICD-10, ICD-11 Beta Draft sowie DSM-5 unterscheiden pragmatisch zwischen den einzelnen Gruppen von Substanzen (vgl. Tabelle 1), die sich sowohl pharmakologisch als auch toxikologisch sowie in ihrem Suchtpotenzial unterscheiden. Die Funktionalität der Substanzeinnahme, also de facto ihr Zweck, verbinden sich jedoch eng mit der psychodynamischen Entwicklung.

Tabelle 1: Substanzgruppen nach ICD-10, ICD-11 (Beta Draft; Stand 11/2018) sowie DSM-5

ICD-10 Psychische und Verhaltensstörungen durch psychotrope Substanzen	ICD-11 (Beta Draft) Störungen durch Substanzgebrauch und abhängige Verhaltensweisen	DSM-5 Störungen in Zusammenhang mit psychotropen Substanzen und abhängigen Verhaltensweisen
F10: Psychische und Verhaltensstörungen durch Alkohol	6C40: Störungen im Zusammenhang mit Alkohol	F10: Störungen im Zusammenhang mit Alkohol
F12: Psychische und Verhaltensstörungen durch Cannabinoide	6C41: Störungen im Zusammenhang mit Cannabis	F12: Störungen im Zusammenhang mit Cannabis
F12: Psychische und Verhaltensstörungen durch Cannabinoide	6C42: Störungen im Zusammenhang mit synthetischen Cannabinoiden	F12: Störungen im Zusammenhang mit Cannabis
F11: Psychische und Verhaltensstörungen durch Opioide	6C43: Störungen im Zusammenhang mit Opioiden	F11: Störungen im Zusammenhang mit Opioiden
F13: Psychische und Verhaltensstörungen durch Sedativa oder Hypnotika	6C44: Störungen im Zusammenhang mit Sedativa, Hypnotika oder Anxiolytika	F13: Störungen im Zusammenhang mit Sedativa, Hypnotika oder Anxiolytika
F14: Psychische und Verhaltensstörungen durch Kokain	6C45: Störungen im Zusammenhang mit Kokain	F14: Klassifiziert bei Störungen im Zusammenhang mit Stimulanzien
F15: Psychische und Verhaltensstörungen durch andere Stimulanzien, einschließlich Koffein	6C46: Störungen im Zusammenhang mit Stimulanzien, einschließlich Amphetamine, Methamphetamine oder Methcathinone	F15: Störungen im Zusammenhang mit Stimulanzien

Stoffgebundene Süchte | 23

ICD-10 Psychische und Verhaltensstörungen durch psychotrope Substanzen	ICD-11 (Beta Draft) Störungen durch Substanzgebrauch und abhängige Verhaltensweisen	DSM-5 Störungen in Zusammenhang mit psychotropen Substanzen und abhängigen Verhaltensweisen
F15: Psychische und Verhaltensstörungen durch andere Stimulanzien, einschließlich Koffein	6C47: Störungen im Zusammenhang mit synthetischem Cathinon	F15: Störungen im Zusammenhang mit Stimulanzien
F15: Psychische und Verhaltensstörungen durch andere Stimulanzien, einschließlich Koffein	6C48: Störungen im Zusammenhang mit Koffein	F15: Störungen im Zusammenhang mit Koffein in Sektion III, klinische Erscheinungsbilder mit weiterem Forschungsbedarf
F16: Psychische und Verhaltensstörungen durch Halluzinogene	6C49: Störungen im Zusammenhang mit Halluzinogenen	F16: Störungen im Zusammenhang mit Halluzinogenen
F17: Psychische und Verhaltensstörungen durch Tabak	6C4A: Störungen im Zusammenhang mit Nikotin	F17: Störungen im Zusammenhang mit Tabak
F18: Psychische und Verhaltensstörungen durch flüchtige Lösungsmittel	6C4B: Störungen im Zusammenhang mit flüchtigen Lösungsmitteln	F18: Störungen im Zusammenhang mit Inhalanzien
F15: Psychische und Verhaltensstörungen durch andere Stimulanzien, einschließlich Koffein	6C4C: Störungen im Zusammenhang mit MDMA oder verwandten Drogen, die MDA enthalten	F15: Störungen im Zusammenhang mit Stimulanzien

| ICD-10
Psychische und Verhaltensstörungen durch psychotrope Substanzen | ICD-11 (Beta Draft)
Störungen durch Substanzgebrauch und abhängige Verhaltensweisen | DSM-5
Störungen in Zusammenhang mit psychotropen Substanzen und abhängigen Verhaltensweisen |
|---|---|---|
| F16: Psychische und Verhaltensstörungen durch Halluzinogene | 6C4D: Störungen im Zusammenhang mit dissoziativen Drogen, einschließlich Ketamin und Phencyclidine (PCP) | F16: Störungen im Zusammenhang mit Halluzinogenen |
| F19: Psychische und Verhaltensstörungen durch multiplen Substanzgebrauch und Konsum anderer psychotroper Substanzen | 6C4E: Störungen im Zusammenhang mit anderen spezifischen psychoaktiven Substanzen, einschließlich Medikamenten | F19: Störungen im Zusammenhang mit anderen (oder unbekannten) Substanzen |
| F19: Psychische und Verhaltensstörungen durch multiplen Substanzgebrauch und Konsum anderer psychotroper Substanzen | 6C4F: Störungen im Zusammenhang mit multiplen spezifischen psychoaktiven Substanzen, einschließlich Medikamenten | F19: Störungen im Zusammenhang mit anderen (oder unbekannten) Substanzen |
| F19: Psychische und Verhaltensstörungen durch multiplen Substanzgebrauch und Konsum anderer psychotroper Substanzen | 6C4G: Störungen im Zusammenhang mit unbekannten oder anderen psychoaktiven Substanzen | F19: Störungen im Zusammenhang mit anderen (oder unbekannten) Substanzen |
| F55: Schädlicher Gebrauch von nichtabhängigkeitserzeugenden Substanzen | 6C4H: Störungen in Zusammenhang mit nicht psychoaktiven Substanzen | F19.99: Nicht näher bezeichnete Störung in Zusammenhang mit einer anderen (oder unbekannten) Substanz |

Stoffgebundene Süchte

Während man in der ICD-10 zwischen akuter Intoxikation, schädlichem Gebrauch, Abhängigkeitssyndrom, Entzugssyndrom, Entzugssyndrom mit Delir, psychotischer Störung, amnestischem Syndrom, dem Restzustand und einer verzögert auftretenden psychotischen Störung sowie »sonstiger und nicht näher bezeichneter psychischer und Verhaltensstörung« unterscheidet, wurde der Beta Draft noch erweitert um die Klassifizierungen in die einmalige Episode eines schädlichen Konsums. Im Gegensatz zum DSM-5, in welchem nicht mehr unterschieden wird zwischen schädlichem Gebrauch und Abhängigkeit, wird erfreulicherweise der für die Einschätzung adoleszenten Verhaltens wichtige »schädliche Gebrauch« in der ICD-11 als Ausprägung beibehalten.

2.1.1 Legalisierte Substanzen

Die sogenannten legalen Drogen wie Nikotin und Alkohol, in gewisser Weise auch Cannabis, gehören neben Kaffee, Tee und Kakao seit Jahrhunderten bis Jahrtausenden zu selbstverständlichen Begleitern verschiedener Kulturen. Dies gilt ebenso für das Glücksspiel/Würfelspiel. Legalisierung bedeutet in diesem Zusammenhang u. a. legale Gewinnmargen für Konzerne, legale Steuereinnahmen für Staaten – und für manche Jugendliche und Heranwachsende auch eine »gefühlt legale Freigabe«. Die Jugendschutzgesetze mit ihren Altersnormen greifen hier ebenso wie die Grundhaltungen und Erziehungskompetenzen der Eltern sowie Gruppenregeln der Peers in einer komplexen Wechselwirkung – oder sie greifen nicht.

2.1.2 Illegalisierte Substanzen

Bei Stoffen, die unter eine restriktive Gesetzgebung fallen (sog. illegale Drogen, korrekter wäre es, zu sagen: illegalisierte Drogen), ist dieser Faktor dynamisch immer mit zu betrachten. Es macht für einen Jugendlichen einen erheblichen Unterschied, ob er oder sie für die Erlangung und Nutzung oder gar den Verkauf einer potenziell suchterzeugenden Substanz das Gesetz kennen (und dann brechen) muss oder ob der Staat den Erwerb und letztlich die Einnahme nicht unter

Strafe stellt. In diesem Sektor sind die Jugendschutzgesetze, das Betäubungsmittelgesetz, das Strafrecht und verschiedene andere Gesetzesnormen von hoher Relevanz – nicht unbedingt nach der Meinung des Jugendlichen selbst, aber für seine Bezugspersonen und langfristig auch für den Betroffenen. Auch wenn prinzipiell der Satz »Unkenntnis schützt vor Strafe nicht« gilt, besteht gleichzeitig auch Strafmündigkeit ab dem 14. Geburtstag (in der Schweiz zehn Jahre) und nicht davor. Es gelten im Alltag auch häufig ungeschriebene Regeln, insbesondere beim Cannabis lässt sich eine »De-facto-Legalisierung« beobachten. Eine im Kontext der ICD-10 oder eines Lehrbuchs der Toxikologie recht klar und einfach wirkende Klassifikation hat im entwicklungspsychologisch gesehenen Alltag des Jugendlichen eine andere Bedeutung und Dynamik.

2.2 Verhaltenssüchte

2.2.1 Internet- und Computerspielsucht

Etwa seit den 1990er Jahren – die erste, jetzt noch benutzte Klassifikation von Kimberly Young datiert auf das Jahr 1998 – treten die Verhaltenssüchte auch bei Jugendlichen und vor allem jungen Erwachsenen in den Vordergrund. Dieses Konzept wurde jahrelang höchst kritisch diskutiert, zum einen in Bezug auf die Relevanz und Häufigkeit, zum anderen unter dem Aspekt des Suchtparadigmas überhaupt. Viele der mit pathologischem Glücksspiel, aber auch mit Computerspiel verbundenen Verhaltensweisen wirken auf den ersten Blick eher zwanghaft und impulsiv. Dementsprechend wurde die erste klinisch etablierte Verhaltenssucht, pathologisches Glückspiel, Anfang der 1980er Jahre als klinische Diagnose in der dritten Ausgabe des Diagnostic and Statistical Manual of Mental Disorders (DSM-III) der American Psychiatric Association (APA, 1981) unter der Rubrik »Störungen der Impulskontrolle« klassifiziert. Es dauerte 33 Jahre, bis das pathologische Glücksspiel von den Impulskontrollstörungen im DSM-5 (APA, 2013) entfernt wurde und mit der Bezeichnung

»Störung durch Glücksspiele« (gambling disorder) unter die Klassifikation »Störungen ohne Substanzbezug« (addictive disorders) aufgenommen wurde.

Auch in der ICD-11 Beta Draft (Stand 1/2019) wurden die Diagnosen »gambling disorder« sowie andere Online-Verhaltenssüchte (Other specified disorders due to addictive behaviours) der Klassifikation »Disorders due to addictive behaviors« und der offiziellen Terminologie »Disorders due to substance use or addictive behaviours« zugeordnet. Auch die Internetabhängigkeit und Internetgebrauchsstörung hat sich mittlerweile als Verhaltenssucht wissenschaftlich und klinisch etabliert. Daneben werden wohl auch erstmalig andere Verhaltenssüchte, wie die Kaufsucht oder das abhängige Nutzen sozialer Medien, unter der Subkategorie »Other specified disorders due to addictive behaviours« mitberücksichtigt werden.

2.2.2 Andere Verhaltenssüchte

Andere stoffungebundene oder Verhaltenssüchte, die in den letzten Jahren als eigenständige Suchtbereiche diskutiert wurden (Kaufsucht, Bewegungs- und Sportsucht, Arbeitssucht, Sexsucht), sind in ihren diagnostischen Kriterien und vor allem einem standardisierten therapeutischen Zugang noch in der Entwicklung (siehe hierzu eingehend Bilke-Hentsch, Wölfling u. Batra, 2014). Auch wenn es unstrittig ist, dass in den genannten Bereichen suchtähnliche Verhaltensweisen existieren, ist das klinische Bild heterogen, weswegen unterschiedliche Therapieansätze existieren. Da Verhaltensweisen wie Sexualität, Konsum oder Arbeit ebenso wie Bewegung und Sport integraler Bestandteil des Alltagslebens sind, sind die Übergänge zwischen intensivem phasenhaftem Verhalten und pathologischem bis süchtigem Verhalten oft fließend. Der lebensweltnahen Diagnostik, die die Einbettung der pathologischen Verhaltensweisen in das Alltagsleben analysiert, kommt besondere Bedeutung zu, um mit den Klientinnen und Klienten die Habituationsprozesse und Abwehrformationen sorgfältig zu analysieren. Insgesamt sind die vier Verhaltenssüchte aber eine Domäne des Jungerwachsenen- und Erwachsenenalters.

Im Bereich der Kaufsucht (Müller, Böning u. De Zwaan, 2014) werden die Prävalenzen der erwachsenen Bevölkerung auf ca. 5 % geschätzt. Epidemiologische Studien an französischen Studenten schätzen die Prävalenzen von Kaufsucht auf 16 %, in Deutschland auf 3 % und in den USA zwischen 15,1 und 21,8 %. Besonders Frauen sind betroffen.

Das Konzept der Sportsucht, wohl besser der Bewegungssucht, wird kontrovers diskutiert und stellt im sich dynamisch entwickelnden Feld der Sportpsychiatrie ein Thema dar (u. a. Kleinert, 2014). Die Tatsache, dass regelmäßige körperliche Bewegung einen erheblichen positiven Einfluss auf die psychische Gesundheit hat, lässt die Gefahren suchtartiger Entgleisung oder zwanghafter Selbstbeobachtung (i. S. des »quantified self«) der körperlichen Aktivität scheinbar in den Hintergrund treten. Die bestehenden Therapieansätze (Adams, Miller u. Kraus, 2003) sehen narzisstische Instabilitäten und Selbstwertprobleme bei Sportsüchtigen als bedeutsam an und empfehlen selbstwerttragende supportive therapeutische Interventionen in Analogie zur Therapie der Arbeitssucht. Kognitiv-behaviorale Therapieansätze, wie die Kosten-Nutzen-Analyse des sportlichen Tuns, treten hinzu. Inwieweit psychopharmakologische Interventionen (z. B. bei durch intensive sportliche Tätigkeit abgewehrter latenter Depression) hilfreich sein können, bleibt Studien vorbehalten. In diesem Sektor werden sich in den nächsten Jahren sicherlich interdisziplinär zwischen Sportpsychologie, Sportmedizin und Psychiatrie neue empirische Ergebnisse erarbeiten lassen, die dann zu spezifischeren Therapiemethoden führen (Breuer, 2015). Die Prävalenzen von Sportsucht variieren weltweit zwischen 3 % und 9 % bei Erwachsenen, meist handelte es sich bei den Stichproben um Sportstudenten und Fitnessteilnehmer (Griffiths, Szabo u. Terry, 2005; Lindwall u. Palmeira, 2009), während nur eine italienische Studie existiert mit einer jüngeren Stichprobe (Alter: 13–20 Jahre). Hier resultierte eine Prävalenz von 8,5 % (Villella et al., 2011). Ob es sich hierbei aber tatsächlich um eine Sucht handelt oder um eine Reaktion auf die Verunsicherung durch die Diskrepanz zwischen dem eigenen Selbstbild und dem realen Ich, ist noch nicht geklärt.

Auch zur Arbeitssucht, die als Konstrukt ebenfalls in der Diskussion steht, gibt es trotz des hohen öffentlichen Interesses auch und gerade bei Schülern (»Burnout-Kids«; vgl. hierzu eingehend Schulte-Markwort, 2015) wenige standardisierte Studien. Im Vordergrund der Therapieplanung steht die individualisierte Analyse des potenziell schädigenden Verhaltens im Kontext der realen beruflichen und familiären Situation. Die basale Motivation des Patienten oder der Patientin, die Lebenssituation zu verändern, relativ flexible Abwehrmechanismen, persönliche Verantwortungsübernahme für die klinische Situation und ein letztlich positives Selbstbild erleichtern den Therapieplanungsprozess.

Die Sexsucht als schwere zwanghafte behandlungswürdige Abweichung vom in der jeweiligen Kultur normalen Verhalten mit schweren schädlichen Folgen, Kontrollverlust, Zwanghaftigkeit, Destruktivität, erheblichem Leidensdruck und der Verhaltenseinengung ohne persönliche Befriedigung belastet das betroffene Individuum und sein soziales Umfeld in erheblicher Weise (Briken, 2016). Adoleszentäres Probierverhalten ist davon abzugrenzen.

Bereits 2010 berichtete die »Dr.-Sommer-Studie« der Zeitschrift »Bravo«, dass 79 % der 14- bis 17-jährigen Befragten Erfahrungen mit pornografischen Bildern oder Filmen gemacht hatten. Regelmäßigen Konsum hatten 8 % aller Jungen und 1 % der Mädchen (Bravo, 2009). Bei einer 2014 veröffentlichten Studie an 1.048 Jugendlichen im Alter von 14 bis 20 Jahren gab fast die Hälfte an, bereits »Hardcore-Pornografie« gesehen zu haben. Bei der jüngsten Teilgruppe, den 14- und 15-Jährigen, war es ein Drittel. Rund die Hälfte dieser Online-Funde kam laut Befragung ungewollt zustande. Das durchschnittliche Alter, in dem erstmalig Kontakt mit sexuell expliziten Medieninhalten bestand, lag bei 14,2 Jahren. Männliche Jugendliche waren mit durchschnittlich 14,0 Jahren deutlich jünger als Mädchen (14,8 Jahre).

Es sind also unter diagnostischem, ggf. auch gutachterlichem Aspekt und sicher im Hinblick auf eine mögliche Psychotherapieindikation diese epidemiologischen Fakten zu beachten. Auch in diesem Bereich ist Intensivverhalten von pathologischem Suchtverhalten klar abzugrenzen.

Bei allen vier genannten stoffungebundenen Süchten sind in den nächsten Jahren weitere intensive fachliche Diskussionen über Definition, Klassifikation, Typisierung und Zeitstabilität der Diagnosen im Rahmen gesellschaftlicher Entwicklungen (Modediagnosen) zu erwarten, die auch die therapeutischen Möglichkeiten erweitern werden (vgl. Bilke-Hentsch et al., 2014; Mann, 2014).

3 Klassifikation des Drogenkonsums nach ICD-10

In der ICD-10 werden die folgenden Kategorien unterschieden:

3.1 Schädlicher Gebrauch (F1x.1)

Das Konsumverhalten führt zu einer manifesten Gesundheitsschädigung. Diese kann eine körperliche Störung, etwa Hepatitis, sein oder eine psychische Störung. Diese Kategorie umfasst auch Jugendliche, bei denen aufgrund ihres Substanzgebrauchs gravierende negative Konsequenzen in Familie, Schule und ihren Beziehungen zu Gleichaltrigen mit einer Verschlechterung ihres psychosozialen Funktionsniveaus eingetreten sind. Im praktischen klinischen Alltag ist diese Diagnose weitaus am relevantesten.

3.2 Abhängigkeitssyndrom (F1x.2)

Ein entscheidendes Charakteristikum der Substanzabhängigkeit ist der oft starke, gelegentlich übermächtige Wunsch, Substanzen zu konsumieren. Diese Diagnose nach ICD-10 soll sorgfältig und nur dann gestellt werden, wenn drei oder mehr der folgenden Kriterien in den letzten zwölf Monaten mindestens einen Monat lang gleichzeitig bestanden oder während der letzten zwölf Monate wiederholt vorhanden waren:
- starker Wunsch oder eine Art Zwang, Substanzen zu konsumieren;

- verminderte Kontrollfähigkeit bezüglich des Beginns, der Beendigung und der Menge des Konsums;
- Auftreten eines körperlichen Entzugssyndrom (siehe F1x.3 u. F1x.4) bei Beendigung oder Reduktion des Konsums, entweder in Form substanzspezifischer Entzugssymptome oder durch die Einnahme der gleichen oder einer nahe verwandten Substanz, um Entzugssymptome zu mildern oder zu vermeiden;
- Nachweis einer Toleranz;
- fortschreitende Vernachlässigung anderer Vergnügen oder Interessen zugunsten des Substanzkonsums; erhöhter Zeitaufwand, um die Substanz zu beschaffen, zu konsumieren oder sich von den Folgen zu erholen;
- anhaltender Substanzkonsum trotz eindeutiger körperlicher, psychischer oder sozialer schädlicher Folgen; dabei sollte festgestellt werden, dass der Konsument, die Konsumentin sich tatsächlich über Art und Ausmaß der schädlichen Folgen im Klaren war oder dass zumindest davon auszugehen ist.

3.3 Psychotische Störung (F1x.5)

Durch Drogen können psychische Syndrome induziert werden, die nicht substanzinduzierten psychotischen oder wahnhaften Störungen ähneln oder gleichen. Kennzeichnend sind lebhafte Halluzinationen, typischerweise visuell, oft aber auf mehr als einem Sinnesgebiet, Personenverkennungen, Beziehungs- oder Verfolgungsideen sowie Wahn. Ebenso kommen psychomotorische Störungen wie Erregung oder Stupor sowie ein abnormer Affekt vor – in Form von intensiver Angst, erheblicher Aggression oder im Einzelfall ekstatischen Zuständen. Die Symptome treten gewöhnlich während oder unmittelbar (meist innerhalb von 48 Stunden) nach dem Substanzgebrauch auf, gehen typischerweise innerhalb eines Monats zumindest teilweise zurück, innerhalb von sechs Monaten in der Regel vollständig.

3.4 Akute Vergiftung

Hier besteht ein akuter, ggf. lebensbedrohlicher Zustand, der zumeist somatische Symptome umfasst, ggf. auch halluzinose paranoide Zustände. Im schweren Fall ist intensivmedizinisches Handeln vonnöten.

4 Entwicklungsaufgaben und Entwicklungspsychopathologie

4.1 Suchtmittelkompetenz als Entwicklungsaufgabe

Suchtmittelgebrauch zählt spätestens seit den späten 1970ern (man vergleiche die damaligen Ausgaben der klassischen Entwicklungspsychologie-Lehrbücher wie z. B. die von Oerter u. Montada, 1978, 2. Aufl. 1987) nicht nur zu den Gesundheits- und Entwicklungsrisiken, sondern auch zu den Entwicklungsaufgaben in unserer Gesellschaft. Die Mehrdeutigkeit des Umgangs mit Suchtmitteln als Genussmittel einerseits, Rauschmittel andererseits und gefährlicher Droge auf der dritten Seite wird hier deutlich. Letztlich gibt es trotz aller gesellschaftlichen, juristischen, polizeilichen und anderer Regelungen eine dem Individuum innewohnende Bereitschaft, Substanzen und Verhaltensweisen auszuprobieren und zu sich zu nehmen und gleichzeitig um die potenziellen allgemeinen und individuellen Risiken zu wissen. Ungünstig ist eine Entwicklung, in der sich die von Erwachsenen zu verantwortenden Regularien und deren Gemeinschaften (Kirche, Sportvereine, Lokalpolitik etc.) zunehmend aus dem Einfluss auf Jugendliche zurückziehen und gleichzeitig von den Jugendlichen selbst erwartet wird, immer neue und immer attraktiver zubereitete Darreichungsformen von Substanzen und Verhaltensweisen zu kennen und kontrolliert zu nutzen.

Ein »Paradebeispiel« ist in einer in Print- und Filmmedien verbreiteten Alkoholwerbung eines weltweit tätigen Braukonzerns zu sehen, in der bei einem ansonsten hoch attraktiv auf den Genuss zielenden fotografischen Bild im unteren Bildteil der Satz »Drink responsibly« steht. Hier wird nicht der Hersteller aufgefordert, verantwortungsvoll zu produzieren (oder es zu lassen), es wird nicht der Vertreiber aufgefordert, die Jugendschutzgesetze korrekt einzuhalten, es werden auch nicht die Eltern aufgefordert, auf den Konsum ihres Kindes zu achten, sondern es wird das heranwachsende Individuum selbst aktiviert, sich »verantwortungsvoll« zu verhalten – und zu trinken. Dies setzt implizit eine stabile und gut integrierte psychische Struktur voraus.

Benachteiligt und vulnerabel sind einerseits jene Jugendlichen und jungen Erwachsenen, die durch psychiatrische Erkrankungen wie ADHS nicht in der Lage sind, ihre Impulsivität zu steuern, die beispielsweise durch Traumafolgestörungen beeinträchtigt sind und durch Rauschmittelkonsum eine zeitnahe Entlastung erleben, sowie andererseits diejenigen, deren psychische Struktur, Abwehrverhalten und Konfliktthemen nur durch einen Suchtmittelkonsum zumindest vorübergehend stabil und bewältigbar erscheinen.

Ein zweifacher Blick im entwicklungspsychiatrischen und im psychodynamischen Sinn stellt die Verbindung her zwischen dem individuellen Gewordensein und dem individuell genutzten Suchtmittel. Damit ist zumindest der Anfang des Konsums und auch oft der Rückfall des Einzelnen zu erklären.

4.2 Entwicklungspsychopathologie als Grundkonzept

Die Internationale statistische Klassifikation der Krankheiten (ICD-10, 1991) und das multiaxiale Klassifikationsschema (MAS; Remschmidt, Schmidt u. Poustka, 2017) dienen ebenso wie das in der Forschung gebräuchliche DSM-5 (APA, 2018) primär als Grundlage. Auch wenn ein therapie- und hilfebedürftiger Jugendlicher selbstverständlich nicht nur unter dem Aspekt von Defekten und Störungen zu betrachten ist, ist eine genaue phänomenologische Beschreibung und kriteriengeleitete Bewertung von Funktionsstörungen als Basis für weitere Interventionen gemäß den fachlichen Leitlinien (DGKJP Leitlinien: http://www.dgkjp.de/leitlinien-top) sinnvoll; hierzu dienen auch die

Internationale Klassifikation der Funktionseinschränkungen (ICF) und deren Version für Kinder und Jugendliche (ICF-CY). Auch bei einer ressourcenorientierten Grundhaltung und einer an den Entwicklungspotenzialen eines Kindes orientierten Interventionsstrategie sind es die de facto festzustellenden Einschränkungen, die jeweils bestimmte Entwicklungsschritte hemmen. Beispielhaft seien hier die Teilleistungsstörungen wie Dyskalkulie (Rechenschwäche) oder Lese- und Rechtschreibschwäche genannt, deren konflikthafte bis depressive Verarbeitung bestimmte Übergangssituationen im Schul- und Leistungsbereich erheblich erschweren können.

Es hilft ein regelhaftes Vorgehen nach dem multiaxialen Klassifikationsschema für seelische Störungen im Kindes- und Jugendalter (MAS nach WHO, Remschmidt et al., 2017), das auf sechs Achsen systematisch diejenigen Auffälligkeiten, die im klinischen oder sozialen Rahmen oft nicht direkt erkennbar sind, aufzeigt und unterschiedlich bewertet.

Achse 1: psychiatrische Störung
Achse 2: Teilleistungsstörungen
Achse 3: Intelligenzprofil
Achse 4: körperliche Erkrankungen
Achse 5: abnorme psychosoziale Umstände
Achse 6: Schweregrad

Dieses Schema kann analog für junge Erwachsene genutzt werden, bei denen die sozialen Themen der Achse 5, aber auch die ausbildungsbezogenen Einschränkungen (Achsen 2 und 3) eine therapeutisch wichtige Rolle spielen.

Achse 1: Als Erstes wird festgestellt, ob eine *psychiatrische Erkrankung* im engeren Sinn vorliegt. Nur die klare Klassifikation von umschriebenen Störungsbildern, die Berücksichtigung des Komorbiditätsprinzips (paralleles Auftreten von mehreren Störungen) lässt die bei einzelnen Erkrankungen immanente Dynamik von Anfang an in die Behandlung einfließen. Dann sind weder Therapeuten noch therapeutisches Team noch der Patient selbst oder seine Angehörigen überrascht über bestimmte Verlaufsschwankungen, die weniger aus der psychosozialen Intervention oder dem Willen der Patienten herrühren, sondern in der psychiatrischen Störung selbst begründet liegen. Die Hinwendung zum Krankheitsbegriff ist in manchen Lebensbereichen für den Patienten dynamisch entlastend, da nicht nur eigene Willenskraft und Vorstellung für die Lebenssituation von Bedeutung sind, sondern »anerkannt« wird, dass genetische oder neurobiologische Risiken, die vom Einzelnen in keiner Weise zu verantworten sind, eine Rolle bei Krankheitsentstehung und Aufrechterhaltung spielen.

Achse 2: Auf der zweiten Achse des multiaxialen Klassifikationsschemas wird der Frage nachgegangen, inwieweit *Teilleistungsstörungen,* wie die Leseschwäche, die Rechtschreibschwäche, die selten sorgfältig diagnostizierte Dyskalkulie, oder sensorische und motorische Integrationsstörungen für den Patienten eine Rolle spielen. Gerade bei Jugendlichen wird im Alltag der Schule und Jugendhilfe schlicht vergessen, dass motivationsunabhängige (Teil-)Leistungsschwierigkeiten erhebliche Einschränkungen der sozialen Teilhabe im Schul- und Leistungsbereich bedeuten, etwa bei sensorischen oder motorischen Störungen die Integration in alterstypische (abstinenzfördernde) Aktivitäten wie Sport, Tanz und Vergnügungen erheblich reduzieren können. Ein beachtliches Beispiel für die Unterdiagnostizierung von Teilleistungsstörungen findet sich in Jugendgefängnissen und Drogeneinrichtungen, bei denen Teilleistungsstörungen erheblich überrepräsentiert sind. Auch wenn man ab der Pubertät nur begrenzt intervenieren kann, dient eine klare Diagnosestellung in diesem Bereich häufig zur Erklärung seit Jahren bestehender Ausbildungsprobleme.

Achse 3: Das differenzielle *Intelligenzprofil* – bei allen bekannten überschaubaren Einschränkungen der Intelligenztests – stellt eine wichtige klinisch und praktisch nicht zu ersetzende Grundlage für die Therapieplanung auf der dritten Achse dar. Insbesondere Einbrüche in einzelnen Intelligenzbereichen oder eine starke Überbetonung etwa der verbalen gegenüber der handlungspraktischen Intelligenz haben erhebliche therapeutische Konsequenzen. Je nach eingesetztem Intelligenztest kann man die typischen Leistungsfähigkeiten im seriellen oder ganzheitlichen Denken feststellen, um Therapieverläufe Stück für Stück oder eher ganzheitlich zu planen – zum Beispiel mit dem K-ABC (»Kaufman Assessment Battery for Children«), der auch für Jugendliche vorliegt.

Achse 4: Auf dieser Achse werden *körperliche Erkrankungen* diagnostiziert, die stärker in den medizinisch-neurologischen Bereich fallen. Trotz im Prinzip guter jugendärztlicher Versorgung gelingt es unter neuropsychiatrischem Aspekt immer wieder, eine latente Epilepsie oder Hirntumore und ähnliche schwere Erkrankungen zu entdecken, die durch den »sozialen Lärm« überdeckt wurden und ein anderes primäres Vorgehen erfordern.

Achse 5: Auf dieser Achse, den *abnormen psychosozialen Umständen,* werden ohne Interpretation oder Wertung psychosoziale Entwicklungsrisiken benannt, die als bekannte Risikofaktoren für seelische Störungen identifiziert worden sind. Mit operationalisierten Definitionen werden empirisch bekannte ungünstige Entwicklungsbedingungen codiert, wie beispielsweise:
- Migration;
- sexueller Missbrauch;
- Gewalt in der Familie;
- verzerrte intrafamiliäre Kommunikation;
- psychische Erkrankung eines Geschwisterkindes;
- Trennung und Scheidung.

Insbesondere bei Langzeitfällen, die in der Kooperationsschnittstelle zwischen Jugendpsychiatrie, Psychotherapie und Jugendhilfe stehen, sind mehrere und interdependente Entwicklungsrisiken die Regel.

Achse 6: Auf der sechsten Achse wird je nach *psychosozialer Funktionseinschränkung* (»Global Assessment of Functioning«, GAF) bestimmt, welcher für die jeweilige Altersphase wichtige Lebensbereich – wie Schule, Ausbildung, Familie, Peer-Integration, Funktionieren unter Stress – belastet ist.

Mit dieser sechsachsigen Zugangsweise wird der Situation vorgebeugt, dass gerade bei strukturell schwachen Patientinnen und Patienten, bei denen in der Außenwelt stets relativ viel »passiert«, den aktuellen interpersonellen sozialen Auffälligkeiten mehr Bedeutung zukommt als den längerfristig relevanten intrapsychischen und psychodynamisch zugänglichen Faktoren.

4.3 Evidence Based Medicine und Leitlinien

Der zunehmende Einbezug von epidemiologisch gesicherten Risiko- und Schutzfaktoren hat sich zusätzlich zur klinischen Diagnostik bereits existierender Erkrankungen etabliert. Hier besteht die Schnittstelle zur Prävention und zur Frühintervention, wobei Risikoprozesse im Einzelfall kritisch für die Therapieplanung zu würdigen sind.

Nicht die simple Addition verschiedener Risikofaktoren führt zwangsläufig zur Problematik, auch wenn eine auf die »Behandlung« sogenannter erkannter Risikofaktoren spezialisierte (Pharma- und Gesundheits-)Industrie dies verständlicherweise gern glauben machen möchte. Es ist für den Kliniker, die Klinikerin immer wieder überraschend, wie sich bestimmte, als klar bekannte und zu bekämpfende Risikofaktoren letztlich als wesentlich weniger bedeutsam für die Entwicklung einer echten Erkrankung herausstellen. Es bleibt bei aller sinnvollen Fokussierung auf Früherkennung von Erkrankungen also darauf zu achten, dass nicht nur Risikofaktoren benannt und erkannt werden, sondern auch die adäquate, spezifische Therapie von realen Krankheiten genügend Aufmerksamkeit erhält.

Die Internationale Klassifikation der Krankheiten (ICD-10) wird diesem Faktum gerecht, indem sie langfristige empirische Studien in diversen Ländern als Basis der Benennung und Abgrenzung von Erkrankungen verlangt. Aktuell möge die Neuformulierung des Sucht- und Abhängigkeitsbegriffs im DSM-5 und beispielsweise der sogenannten Medien- und Internetsucht (internet gaming disorder) ein Beispiel geben. Man vergleiche hierzu auch die Website der Arbeitsgemeinschaft der Wissenschaftlichen Medizinischen Fachgesellschaften, AWMF (www.awmf.de) oder die »NICE«-Guidelines.

5 Suchtdynamik und Neurobiologie

Alkohol, illegalen Drogen, Spielen und sozialen Netzwerken ist gemeinsam, dass sie beim Erstkonsum bei den meisten Menschen zunächst mit einem belohnenden Effekt (z. B. ein positives Gefühl oder Beseitigung negativer Stimmungen) verbunden sind. Die Phase der Adoleszenz und Emerging Adulthood birgt in diesem Kontext ein hohes Risiko für eine Abhängigkeitsentwicklung. Sie steht generell mit einem erhöhten Risikoverhalten im Zusammenhang, welchem ein starkes inneres Bedürfnis nach sozialer Anerkennung zugrunde liegt. Macht ein schüchterner und introvertierter junger Mensch früh die Erfahrung, dass die Konversation auf einer Party mit einem bestimmten Alkoholpegel leichter fällt und er von der Peergroup durch seine Lockerheit soziale Anerkennung bekommt, so steigt die Wahrscheinlichkeit, auf der darauf folgenden Party erneut zu trinken. In einem nächsten Schritt erlebt er eventuell, dass er beispielsweise zu Hause nach der Arbeit oder der Universität mit Alkohol besser »entspannen« (und Konflikte negieren) kann. Kommen weitere Faktoren wie genetische Disposition für Sucht, Angststörungen oder Depressionen, geringer Selbstwert sowie wenig selbstwirksamkeitsfördernde Lernkontexte und dysfunktionale Beziehungen hinzu, können dieses Erleben und Verhalten als generalisierte Bewältigungs- und Abwehrstrategie in einen ungesunden Automatismus übergehen.

Neurobiologisch lässt sich das erhöhte Risiko für Abhängigkeitserkrankungen in der Adoleszenz durch unterschiedliche Reifungsprozesse im Gehirn erklären. Während der Pubertät organisieren sich die kortikalen Schaltkreise neu, indem sich die graue Substanz teilweise zurückbildet und die weiße Substanz zunimmt, die für eine beschleunigte Signalweiterleitung verantwortlich ist. Autopsie-Befunde zeigen, dass sich das Volumen der grauen Substanz »funktional zentralisiert«, das heißt, während der Kindheit gebildete synaptische Verbindungen verschwinden teilweise, da sie nicht mehr genutzt werden. Daneben nimmt das Volumen der weißen Substanz und somit die Vernetzung zwischen den aus grauer Substanz bestehenden Regionen von der Kindheit bis zum jungen Erwachsenenalter kontinuierlich zu. Die morphologische Struktur entwickelt sich in Abhängigkeit von der Interaktion zwischen Umweltanforderungen und genetischen Faktoren im Sinne der Epigenetik. Dieser Prozess während der Adoleszenz geht mit turbulenten kognitiven und affektiven Schwankungen sowie einem erhöhten Risikoverhalten einher, welches die meisten Jugendlichen als emotional anstrengend erleben.

Das Risikoverhalten und die Gefahr einer Abhängigkeitsentwicklung korrespondiert mit Entwicklungsunterschieden insbesondere von zwei Gehirnsystemen. Es handelt sich zum einen um das mesolimbische (sozioemotionale) System, welches Regionen des Striatums, des medialen sowie des orbitofrontalen Kortex umfasst und funktionell mit motivationalen Prozessen wie dem Anstreben schneller Belohnung assoziiert ist. Zum anderen geht es um das gegenspielende kognitive Kontrollsystem, welches den lateral präfrontalen, den lateral parietalen sowie den anterioren cingulären Kortex involviert und mit exekutiven Funktionen wie Konflikt-Monitoring, Impulskontrolle, Arbeitsgedächtnis, Entscheidungsprozessen etc. in Verbindung steht.

In der Literatur wird wiederholt eine reifungsbedingt stärkere Aktivität des mesolimbischen Systems während der Adoleszenz und des frühen Erwachsenenalters berichtet. Diese Dominanz über das hauptsächlich präfrontal gesteuerte kognitive Kontrollsystem bewirkt die Tendenz, stark belohnungsorientierte Impulse schlechter hemmen zu können. Inwieweit es sich dabei um eine früher abgeschlossene Reifung oder eine stärkere Erregbarkeit des mesolimbischen Systems handelt, ist noch ungeklärt. Shulman et al. (2016) gehen aus ihren Review-Recherchen eher von Zeit- und Verlaufsunterschieden in den Entwicklungsprozessen beider Systeme aus, was mit einer entwicklungsorientierten therapeutischen Sichtweise gut zu verbinden ist. Dementsprechend scheint die neuronale Reifung der Regionen des sozioemotionalen Systems durch einen umgekehrten U-förmigen Verlauf mit einem Peak in der Adoleszenz und das kognitive Kontrollsystem durch einen linearen Verlauf bis in das dritte Lebensjahrzehnt gekennzeichnet zu sein.

Hinzu kommt der Peer-Aspekt: Besonders positives soziales Feedback scheint eine zentrale motivationale Bedeutung zu haben. So zeigten Smith, Steinberg, Strang und Chein (2015) eine signifikant stärkere Aktivierung im ventralen Striatum bei Adoleszenten im Vergleich zu Erwachsenen, wenn die Belohnung (Geldgewinn) mit der Anwesenheit von Peers gekoppelt war.

6 Diagnostik und Differenzialdiagnostik

6.1 Störungsspezifische Diagnostik

Die Leitlinien der DGKJP, die im Folgenden als Referenz herangezogen werden, sehen ein strukturiertes Vorgehen vor.

6.1.1 Allgemeine Anamnese und stoffgebundene Süchte

Es muss in jedem Fall eine genaue Analyse des Suchtverhaltens erfolgen. Zu erfassen sind:
- alle konsumierten Substanzen mit Beginn des Konsums sowie des regelmäßigen Konsums, Konsumfrequenz, -dauer und -intensität, Konsumgewohnheiten;
- subjektiv erlebte, erwünschte und unerwünschte Substanzwirkungen, bisher erlebte Entzugssymptomatik;
- Reduktion bestehender psychotischer Symptome durch Drogenkonsum;
- Intensität der Beschäftigung mit dem Substanzkonsum, Vernachlässigung früherer Freunde und Hobbys zugunsten von Substanzbeschaffung und -konsum;
- Vergesellschaftung mit alkohol- und drogenkonsumierenden oder sozial auffälligen Jugendlichen;
- bisherige negative Konsequenzen des Substanzkonsums in familiärer, schulischer und psychosozialer Hinsicht;
- kleinkriminelle Aktivitäten, z. B. Diebstähle, Dealen;
- bisherige Strafen wegen Verstoßes gegen das Betäubungsmittelgesetz, Eigentumsdelikten oder aggressiver Gewalthandlungen im Zusammenhang mit Substanzkonsum;
- körperliche Entgiftungen, Entwöhnungen, Abstinenzphasen;

- Therapieauflagen seitens der Schule, von den Eltern selbst oder durch Gerichtsbeschluss;
- riskantes Sexualverhalten (ungeschützter Sexualverkehr, Promiskuität, Prostitution);
- erhöhte Impulsivität;
- »Sensation Seeking« oder erheblicher Rückzug;
- Motivation zur Konsumreduktion oder Abstinenz;
- Ressourcen des Klienten/Patienten;
- Einholen von Informationen aus der Schule (mit Einverständnis der Eltern!);
- aktueller Leistungsstand;
- Entwicklung der Leistungen (Leistungsknick?);
- Fehlzeiten (entschuldigt und unentschuldigt);
- auffälliges Verhalten in der Schule (Übermüdung, Verlangsamung, Geistesabwesenheit im Unterricht, inadäquater Affekt, ungewöhnliche affektive Ausbrüche);
- Vergesellschaftung mit bereits als delinquent bekannten Jugendlichen.

Störungsrelevante Rahmenbedingungen:
- Umgang mit Zigaretten, Alkohol, Drogen, Medikamenten in der Familie;
- psychische Störungen in der Familie (einschließlich Störungen durch psychisch wirksame Substanzen);
- innerfamiliäre Beziehungen und Kommunikationsstil;
- Ressourcen, Bewältigungsmechanismen in der Familie;
- Vernachlässigung, Missbrauch oder Misshandlung;
- Armut oder Verwahrlosung im direkten Wohnumfeld;
- Einstellungen im Freundeskreis des Jugendlichen zu Zigaretten, Alkohol und Drogen, Substanzgebrauch;
- wichtigste Bezugsperson des betroffenen Jugendlichen, die sein Vertrauen genießt und durch die er ggf. erreicht werden kann.

6.1.2 Diagnostik: Medien- und internetbezogene Störungen

Für eine gute Medienanamnese, die heute zur Standardanamnese im Kindes- und Jugendbereich dazugehören sollte, fehlt oft scheinbar die Zeit. Die Kriterien einer Störung durch Computerspiele nach DSM-5 sind in Tabelle 2 dargestellt. Allerdings sind im DSM-5 keine Kriterien für das abhängige Nutzen von sozialen Netzwerken, Videoportalen oder anderen Online-Plattformen, mit Ausnahme des Glücksspiels, berücksichtigt worden.

Tabelle 2: Kriterien zur Diagnostik einer Störung durch Spielen von Internetspielen (DSM-5, Falkai u. Wittchen, 2015, S. 1088–1089)

Dauerhafte und wiederkehrende Nutzung des Internets, um sich zu beschäftigen; häufig mit mehreren anderen Spielern; führt in klinisch bedeutsamer Weise zu Beeinträchtigungen oder Leiden, wobei mindestens fünf der folgenden Kriterien innerhalb eines Zeitraums von 12 Monaten vorliegen.	
1.	Übermäßige Beschäftigung mit Internetspielen (der Betroffene denkt über vorhergehende Spielaktivitäten nach oder beabsichtigt, das nächste Spiel zu spielen; das Spielen von Internetspielen wird zur Haupttätigkeit des Tages). Beachte: Diese Störung ist vom Glücksspiel im Internet zu unterscheiden, das der Diagnose »Pathologisches Glücksspiel« zuzuordnen ist.
2.	Entzugssymptomatik, wenn das Spielen von Internetspielen wegfällt (die Symptome werden typischerweise als Reizbarkeit, Ängstlichkeit oder Traurigkeit beschrieben; es finden sich jedoch keine körperlichen Zeichen eines pharmakologischen Entzugssyndroms).
3.	Toleranzentwicklung (das Bedürfnis, zunehmend mehr Zeit mit dem Spielen von Internetspielen zu verbringen).
4.	Erfolglose Versuche, die Teilnahme an Internetspielen zu kontrollieren.
5.	Interessenverlust hinsichtlich früherer Hobbys und Freizeitbeschäftigungen als Ergebnis und mit Ausnahme des Spielens von Internetspielen.
6.	Fortgeführtes exzessives Spielen von Internetspielen trotz der Einsicht in die psychosozialen Folgen.
7.	Täuschen von Familienmitgliedern, Therapeuten und anderen bezüglich des Umfangs des Spielens von Internetspielen.

8.	Nutzen von Internetspielen, um einer negativen Stimmungslage zu entfliehen oder sie abzuschwächen (z. B. Gefühl der Hilflosigkeit, Schuldgefühle, Ängstlichkeit).
9.	Gefährdung oder Verlust einer wichtigen Beziehung, der Arbeitsstelle oder Ausbildung/Karrieremöglichkeit aufgrund der Teilnahme an Internetspielen.

Beachte: Nur Internetspiele, die keine Glücksspiele sind, werden diesem Störungsbild zugeordnet. Die Verwendung des Internets für notwenige geschäftliche oder berufliche Aktivitäten wird nicht eingeschlossen sowie die Internetnutzung für Freizeit oder soziale Kontakte. Internetseiten mit sexuellem Inhalt sind ebenfalls ausgeschlossen.

Bestimme den aktuellen Schweregrad:
Die Störung durch Spielen von Internetspielen kann leicht, mittel oder schwer ausgeprägt sein, abhängig von dem Grad der Störung normaler Aktivitäten. Betroffene mit einer weniger schweren Störung durch Spielen von Internetspielen zeigen weniger Symptome und sind weniger in ihrer Lebensführung beeinträchtigt. Die Betroffenen mit einer schweren Störung durch Spielen von Internetspielen verbringen mehr Zeit am Computer und erleben schwere Beeinträchtigungen in Beziehungen oder Karriere- und Ausbildungsmöglichkeiten.

Es ergeben sich praktisch zwei große diagnostische Linien: Einerseits gilt es, stets die zugrunde liegenden Basismechanismen eines gestörten Medienverhaltens zu erfassen und sich nicht von technologischen Phänomenen oder einem lässigen »Techie«-Jargon der Klienten und Klientinnen blenden zu lassen – häufig sind die zugrunde liegenden psychodynamischen Konflikte und Strukturen nur zu gut seit Langem bekannt!

Andererseits ergeben bestimmte neu erfundene Technologien wirklich neue Erlebens- und Verhaltensmöglichkeiten und verstärken vorher bestehende latente Problemfelder. Hier hilft der Begriff einer die psychische Struktur labilisierenden »Cyber-Disinhibition«, also eines motivations- und belohnungsgetriggerten Strukturabbaus, vor allem im Bereich der Steuerung (siehe hierzu ausführlich Aiken, 2017).

Meist helfen bei der Diagnostik einige kontextbezogene vorgeschaltete Schlüsselfragen, die auch im klinischen praktischen Alltag gut zu erfragen sind; hierzu zählen familiäre und intrapsychische Konflikte, berufliche oder schulische Probleme, Konzentrations- und Leistungsabfälle, physische Probleme wie Übergewicht.

Praktisch nicht verpassen sollte man Nachfragen nach stundenlangem Recherchieren, »Dauersurfen« und anderen viel Zeit benötigenden Aktivitäten im Internet, die üblicherweise mit Entwicklungsaufgaben (Lernen für die Mathematikklausur etc.) kollidieren und innerhalb der Familien erhebliche Anspannung bedeuten.

Es wäre je nach Lage selbstkritisch zu überlegen, ob der Diagnostiker oder die Diagnostikerin nicht die Medienanamnese inklusive Fragebogen bei Verdachtsfällen einer jüngeren oder technologie- und spielaffinen Praxisassistentin/Kollegin überlässt, die unter Umständen einen besseren »Draht« zum Betroffenen hat. Dies gilt insbesondere, wenn der verantwortliche Diagnostiker wenig spiel- oder technikaffine Interessen hat. Dagegen spricht der notwendige Beziehungsaufbau, der über die Symbolisierung in Medien oder in Spielen oft leichter gelingt als über den verbalen Zugang.

Die Eltern sind in ihrer Auskunftsfähigkeit in der Realität häufig eingeschränkt, da ihnen viele Mediennutzungszeiten aufgrund der mobilen Smartphone-Problematik schlicht verborgen bleiben, ein weitverbreitet prinzipiell medienaffiner Erziehungsstil vorherrscht (JIM/KIM-Studien, Medienpädagogischer Forschungsverbund Südwest, 2016) oder da sie überprotektiv und verunsichert vorschnell bei ihrem Kind von einem »Digital Junkie« ausgehen. Hilfreich kann die konsequente Bearbeitung eines Medientagebuchs sein, um auf dem Boden der Einschätzung des Patienten und der Eltern das Medienverhalten und die begleitenden emotionalen und impulsiven Phänomene ansatzweise zu objektivieren.

Fragebögen und spezifische diagnostische Hilfsmittel

Neben der Abfragung und interaktionellen Erarbeitung der Diagnosekriterien existieren einige Fragebögen und Interviews zur Erfassung einer Internet- und Computerspielsucht. Ein häufig angewandtes und evaluiertes diagnostisches Verfahren stellt das von Wölfling, Beutel und Müller (2016) entwickelte »Assessment for Internet and Computer Game Addiction« (AICA) dar. Ein spezifischer Fragebogen zum Spielen ist die Computerspiel-Abhängigkeitsskala (CSAS) von Rehbein, Baier, Kleimann und Mößle (2015), ebenso die Compulsive Internet Use Scale (CIUS; Gürtler et al., 2015). Eine Übersicht siehe bei Wölfling et al. (2016).

Klassifikationen unterschiedlicher medialer Anwendungsbereiche

In der Diagnostik ist es hochrelevant, die problematische (Haupt-) Anwendung zu identifizieren, die den Betroffenen in seinem Konsum »eingefangen« hat (Young, 1998). Klassifikation nach Young (1998; adaptiert):

1. Abhängiges Online-Sex-Verhalten und Online-Pornografie
2. Abhängiges Verhalten in Bezug auf soziale Netzwerke (Facebook, Instagram, WhatsApp) ohne soziale Beziehungen außerhalb der Netzwerke
3. Abhängiges Verhalten in Bezug auf Off- und Online-Spiele
4. Abhängiges Verhalten in Bezug auf Online-Glücksspiele
5. Abhängiges Verhalten in Bezug auf zwanghaftes Recherchieren im Internet
6. Pathologisches Kaufen, Ersteigern
7. Polymediomanie/multiple Medienabhängigkeit

Ähnlich wie die Substanzen lassen sich die Spiele in unterschiedliche Genres aufteilen. Tabelle 3 gibt einen Überblick über die Spielgenres und Beispiele hierunter fallender Spiele. Mehr nützliche Informationen zu den Spielen finden Sie auf der Webseite: www.click-safe.ch.

Tabelle 3: Die relevantesten Spieletypologien nach Unterhaltungssoftware Selbstkontrolle (USK; http://www.usk.de/pruefverfahren/genres/)

Shooter	Strategie	Simulation und Sport	Action (Adventures)	Rollenspiele
Ego-Shooter (Counter-Strike)	Aufbaustrategie (Die Siedler)	Zivile Simulation (Die Sims)	Racer	Rundenbasiertes Rollenspiel (The Legend of Heroes)
Taktik-Shooter (Hitman)	Militärische Strategie (Age of Empires)	Militärische Simulation (Panzer-Simulation)	Beat 'em up (The Warriors)	Online-Rollenspiel/ Massively Multiplayer Online Role Playing Games (MMPORG) (World of Warcraft)
3rd-Person-Shooter (State of Decay)	Echtzeit-Strategiespiel (WarCraft)	Fahrzeug-Simulation (Ship-, Bagger-, Flight-Simulation)	Klassische Adventure (Skyhill)	Action-orientiertes Rollenspiel (Vikings: Wolves of Midgard)
Online-Shooter (Extinction)	Rundenbasierte Strategiespiele (Steel Panthers)	Wirtschafts-Simulation/ Management (Prison Architect)	Jump 'n' Run (Super Mario 64)	
Battle Royale (Fortnite)	Globalstrategiespiel (Hearts of Iron)	Sportspiel (EA Sports FIFA)		

6.2 Die Operationalisierte Psychodynamische Diagnostik im Kindes- und Jugendalter (Arbeitskreis OPD-KJ-2)

Unabhängig von einer im Einzelfall notwendigen Pharmakotherapie, den sozialpsychiatrischen Maßnahmen sowie den bei vielen mit Suchtverhalten assoziierten Störungsbildern notwendigen Trainingsmethoden und verschiedenen verhaltenstherapeutischen Interventionen ist im Bereich der stationären Jugend- und Suchthilfe das tiefenpsychologische und psychodynamische Krankheits- und Störungsmodell verbreitet. Im Jahr 2003 (neueste Auflage 2016) erschien mit der Operationalisierten Psychodynamischen Diagnostik für Kinder und Jugendliche, in Anlehnung an die OPD des Erwachsenenalters, ein Instrumentarium, das es auf den vier Achsen
- Beziehung,
- Konflikt,
- Struktur und
- Behandlungsvoraussetzungen/Ressourcen

mit altersspezifischen operationalisierten Ankerbeispielen ermöglicht, einen psychodynamischen Befund in reliabler und valider Weise so zu erheben, dass unterschiedliche Diagnostiker und Therapeuten zu ähnlichen Ergebnissen kommen. Die OPD-KJ-2 etabliert sich vor allem dort, wo es sich um langfristige komplexe Therapieprozesse handelt, bei denen stark auf das Individuum eingewirkt werden soll (Arbeitskreis OPD-KJ-2, 2016), und ist daher für Patientinnen und Patienten mit Suchterkrankungen und Komorbidität gut nutzbar. Analog gilt dies bei Jungerwachsenen für die OPD dieser Altersstufe, insbesondere für das Suchtmodul.

Über die *Achse Beziehung* lässt sich in drei Schritten das typische dysfunktionale und auch positive Beziehungsverhalten von Betroffenen erfassen, sei es zum Therapeuten oder zur Therapeutin, sei es zu Peers, sei es zu Familienmitgliedern.

Auf einem bidimensionalen Modell werden die Mischungsverhältnisse von emotionaler Zugewandtheit, Kontrolle und Unabhängigkeit nach bestimmten Kriterien geratet, sodass ein differenziertes Bild der unterschiedlichen Beziehungsqualitäten der Jugendlichen und jungen Erwachsenen entsteht.

Auf der *Konfliktachse* wird – bei ausreichend guter psychischer Struktur – erarbeitet, welche die Entwicklung erheblich hemmenden intrapsychischen Konflikte ein Klient oder eine Klientin in sich trägt, die sich teilweise in den aktuellen Beziehungen äußern, teilweise aber auch versteckt darunterliegen. So geht es beispielsweise bei Jugendlichen, die scheinbar um Autonomie ringen, Verselbstständigung suchen, häufig um andere Themenbereiche, wie Selbstwertkonflikte, Versorgungs-Autarkie-Konflikte oder Über-Ich- und Schuldkonflikte.

Auf der *Achse Struktur* werden in den drei Unterbereichen Steuerungsfähigkeit, Selbst- und Objekterleben sowie Kommunikation ebenfalls mit altersspezifischen Ankerbeispielen die Fähigkeiten geratet, die ein Jugendlicher mitbringt, um auf dem Boden seiner je individuellen biografischen Erfahrung und seiner früheren Objektbeziehungen den anstehenden Entwicklungsaufgaben und aktuellen Beziehungen gerecht zu werden und Impulse und Emotionen so zu steuern, dass sie proaktiv in eine zukünftige Beziehungsgestaltung einfließen können.

Mit der grundsätzlichen *Achse der Behandlungsvoraussetzungen* werden die subjektiven Krankheitshypothesen, die subjektive Einschätzung der eigenen Befindlichkeit und der Leidensdruck einerseits, die faktisch vorhandenen Ressourcen in den Bereichen Familie, Selbstwirksamkeit, außerfamiliäre Unterstützung und Peerbeziehungen andererseits sowie die spezifische Therapiemotivation und der Veränderungswille ebenfalls anhand von alterstypischen Ankerbeispielen bewertet.

6.3 Apparative, Labor- und Testdiagnostik

Hierzu gehören im Sinne der 4. Achse des MAS (Remschmidt et al., 2017) und der gängigen Leitlinien:
- körperliche Untersuchung (Mangelerscheinungen, Vitamin D etc.);
- Allgemeinzustand (Kleidung, äußeres Erscheinungsbild, Zahnstatus, Einstichstellen, gerötete Augen, vegetative Funktionen; auf Misshandlungszeichen achten);
- Infektionen, Skabies (Krätze), Läuse;
- neurologische Untersuchung.

7 Therapieansätze

7.1 Interdisziplinäre Behandlungsplanung

Wichtige allgemeine Grundsätze der Behandlung von jugendlichen Patientinnen und Patienten mit einer Störung durch Suchtmittel werden nachfolgend im Sinne der Leitlinien der DGKJP dargestellt:
- Erreichen und Aufrechterhalten von Abstinenz. Vertretbare Zwischenziele können im Einzelfall je sein: Verringerung des Substanzkonsums und sich daraus ergebender negativer Folgen, Verringerung von Rückfallhäufigkeit und -schwere, Verbesserung des Funktionsniveaus des Klienten.
- Problemeinsicht und die Motivation zu einer weiterführenden Behandlung bewirken.
- Hohe Eigenmotivation ist jedoch keine unabdingbare Voraussetzung für die Effektivität einer Behandlung, auch Sanktionen durch wichtige Bezugspersonen oder juristische Auflagen können den Behandlungserfolg signifikant erhöhen.
- Da es häufig zu Therapieabbrüchen kommt und die Behandlungsdauer mit dem Therapieerfolg positiv korreliert ist, sind Maßnahmen zur Verminderung der Abbruchwahrscheinlichkeit von hoher Bedeutung.
- Verhaltensorientierte Interventionen sind unverzichtbare Komponenten jedes Behandlungsprogramms.
- Familientherapeutische Interventionen sind ein außerordentlich wichtiger Bestandteil der Behandlung von substanzabhängigen Patienten.

- Die Wirksamkeit der Behandlung muss wiederholt durch objektive Befunde, in der Regel durch Bestimmung der Medikamentenspiegel mittels Urinkontrolle, im Sinne eines therapeutischen Drug-Monitoring überprüft werden.
- Zum Erreichen dauerhafter Abstinenz ist der Aufbau eines substanzfreien Lebensstils mit Beziehungen zu prosozialen, abstinenten Peers und der Entwicklung geeigneter Freizeitaktivitäten von großer Bedeutung.

Unspezifische verhaltensorientierte Ansätze sind in jedem Interventionssetting (ambulant, teilstationär, vollstationär) und jedem Interventionskontext (Jugendpsychiatrie, Suchthilfe, Jugendhilfe) unverzichtbar. Hierzu gehören:
- Psychoedukation (Patient, Eltern);
- motivierende Gesprächsführung (»Motivational Interviewing«);
- Interventionen zur Schadensminimierung (sog. »harm reduction«);
- familientherapeutische Interventionen;
- Pharmakotherapie.

Erforderlichenfalls sollte die »Entgiftung« als stationäre qualifizierte Entzugsbehandlung durchgeführt werden, gefolgt von einer Rehabilitation in einer Einrichtung für Jugendliche mit Substanzabhängigkeit.

7.2 Grundsätzliche Indikationsstellung

7.2.1 Therapeutischer Fokus und Ansatzpunkt

In allen Fällen hat man eine scheinbar simple Frage zu stellen (und zu beantworten ...), nämlich: Wozu?

Hiermit geht es nicht primär um die detaillierte Genese einer Problematik, sondern um die dynamische Funktionalität. Besteht ein »gezielter« Einsatz moderner Medien oder Substanzen beispielsweise zur Emotionssteuerung oder zur Abwehrformation/Coping von unangenehmen intrapersonalen oder Beziehungskonflikten, sei dies individuell oder familiär und im System?

Hat man diese Funktionalitäten im Kern und in ihrer Dynamik erfasst, erscheinen die therapeutischen Schritte meistens einfach und logisch. Wichtig erscheint ein mehrschrittiges Vorgehen:
1. kritische Kenntnis des gesellschaftlichen und medialen Wandels;
2. relativierende Vorbildfunktion/neutrale Position qua Alter und prosozialer Orientierung, Berücksichtigung eigener Resonanz;
3. salutogenetischer und ressourcenorientierter Grundansatz;
4. weitgehend objektivierbare Erfassung des Substanzkonsums und Medienverhaltens;
5. Entwicklung eines gemeinsamen dynamischen Problembewusstseins;
6. realistische Therapieplanung/Fokusbildung und Arbeit an pragmatischen Zielen;
7. Beginn einzelner Veränderungen/dynamische Fokusbildungen;
8. stärkerer Aufbau realer interpersonaler Erlebensweisen in der »Offline-Welt« und deren deutende Reflexion/Mentalisierung;
9. prosozialer »Offline«-Peergruppen-Bezug und dessen Reflexion;
10. Stärkung der allgemeinen Medienkompetenz und der Medienmündigkeit.

Bei leichten Fällen und vorübergehenden Phasen dysfunktionalen Substanz- und Medienkonsums reicht häufig eine fachliche Beratung und ggf. Behandlung aus, wenn man den richtigen Augenblick (»teachable moment«) erfassen und den jungen Klienten und seine Familie von der Ernsthaftigkeit der Problematik überzeugen kann. Dies gelingt meist im Kontext messbar gesunkener Schulleistungen oder konkreter körperlicher und sozialer Probleme.

Anspruchsvoller sind mittelschwere und symptomatisch wechselnde Fälle, bei denen sich Phasen von intensivem Konsum und völliger sozialer Abschottung (z. B. am Wochenende) mit Phasen des eher prosozialen kontrollierten Konsums abwechseln. Es entsteht kein einheitliches Bild; innerhalb der Familien entsteht oft große Anspannung, wenn beispielsweise eine Intensivspiel- oder Konsumphase genau mit unwiederholbaren schulischen oder ausbildungsbezogenen Aufgabenstellungen zusammentrifft. Es zeigt sich bei diesen Indexpatienten klinisch häufig eine zugrunde liegende familiäre Dynamik, die an der Stelle der Eltern oder Geschwister zu verorten ist.

Die schweren chronischen Formen mit vielstündigem Spielen, abhängigem Substanzkonsum, Tag-Nacht-Umkehr, körperlichen Schäden und komplettem Abbruch der sozialen (Offline-)Aktivitäten in der realen sozialen Welt sind de facto nur interdisziplinär und stationär langfristig zu behandeln.

Hier muss in einer Anfangsphase eine – langfristig bei Verhaltenssüchten als Therapieziel nicht geeignete – Abstinenz stattfinden, um überhaupt die Art der Verstrickheit des Jugendlichen in virtuelle oder soziale Gegenwelten und drogenkonsumierende »Szenen« im Detail zu erkennen.

7.2.2 Grundsätze der Arbeit mit medien- und internetabhängigen Adoleszenten und Jungerwachsenen

Grüßer-Sinopoli und Thalemann (2006) betonen, dass Verhaltenssüchte grundsätzlich multimodal behandelt werden sollten. Erschwerend für die Therapieplanung kommt hinzu, dass die suchtartigen Verhaltensweisen sich weder theoretisch noch praktisch dem Abstinenzkonzept unterordnen lassen. Verhaltensmodifikation und in gewissem Sinn der »Safer Use« stehen im Vordergrund. Ebenso sind Grundprinzipien:
- lebensweltnahe Beratung;
- realistische Therapieplanung mit pragmatischen Zielen/Fokussen;
- interaktioneller Peergruppen-Bezug;
- Vorbildfunktion qua Alter und prosozialer Orientierung/Resonanz;
- salutogenetischer und ressourcenorientierter Grundansatz;
- Kenntnis des gesellschaftlichen medialen Wandels;
- Hilfe bei psychosozialen Übergängen/Transitionsphasen.

Die Technologie entwickelt sich schnell weiter und die typischen Verhaltensweisen der Nutzer in der spätmodernen multimedialen Gesellschaft ebenso. Ungeachtet der positiven kulturellen vergnügungstechnischen Auswirkungen des Web 2.0 und der interaktiven Spiele bei gleichzeitiger Unausweichlichkeit ihrer Nutzung (Industrie 4.0, E-Banking, Cloud) ist es Aufgabe von Therapeuten und Therapeutinnen, etwaige Frühzeichen gestörten Medienverhaltens und von Medienabhängigkeit zu erkennen und im Einzelfall Therapien einzuleiten. Grundlage hierfür ist eine basale Kenntnis der Mechanismen von Gefährdungen, der Typologie von Spielen, der Verhaltensweisen der Spieler sowie der Interventionsmöglichkeiten. Hilfreich ist die Nutzung der Website www.eukids-online.org, die interdisziplinär vielfältige Studienergebnisse aktuell für die europäische Situation zusammenfasst.

7.3 Psychodynamische Ansätze im Besonderen

Wird bei einem Jugendlichen oder Jungerwachsenen aufgrund der klassischen Suchtkriterien der ICD-10/MAS und meist im Kontext einer komorbiden Störung wie Depression oder ADS der Verdacht auf einen schwerwiegenden pathologischen Medien- und Internetkonsum und eine echte Suchtproblematik gestellt, ist neben der phänomenologischen Diagnostik und den sozialpsychiatrischen Interventionen ein tiefenpsychologischer psychodynamischer Zugang für den Einzelfall von großer Bedeutung.

Selbstverständlich sind verhaltenstherapeutische Konzepte, wie sie beispielsweise für die Behandlung der Glücksspielsucht entwickelt wurden und die zurzeit auch intensiv für den Bereich des pathologischen Medienkonsums durchgeführt und erforscht werden, von Bedeutung und haben ihren Platz in der Gesamttherapieplanung (Peukert u. Batra, 2012).

Bestehen beim Individuum entwicklungspsychopathologisch und psychodynamisch herleitbare langfristige maladaptive Beziehungsmuster, zeigen sich klassische entwicklungshemmende Konfliktthemen und ist die gesamte psychische Struktur durch den pathologischen Medien- und Internetkonsum beeinträchtigt, so ist eine intensive biografische Anamnese und dynamische Herleitung der Genese des Verhaltens und Erlebens für die personalisierte Therapieplanung unabdingbar (Bilke-Hentsch et al., 2014).

Der Patient hat meistens bereits kognitiv-intellektuell orientierte Hinweise bekommen, hatte bereits Auseinandersetzungen mit seinen Bezugspersonen und anderen über zeitliche Reglementierungen und inhaltliche Beschränkungen und ist bereits auf soziale Defizite und schulische Schädigungen hingewiesen worden. Ein psychodynamisch-verstehender Zugang eröffnet dem Patienten für die Persönlichkeitsentwicklung wichtige neue Komponenten, indem das von ihm selbst geschätzte und geliebte, manchmal aber auch ambivalent gesehene Medienverhalten als individuell bedeutsam, sinnvoll und verstehbar aufgefasst wird. Der psychotherapeutische Zugang im engeren Sinn unterscheidet sich grundsätzlich von medienwissenschaftlichen, sozialpädagogischen oder privaten Zugängen der Eltern und Bezugspersonen.

7.3.1 Psychodynamische Ansätze bei medien- und internetbezogenen Störungen

Sieht man die individuelle Mediengeschichte und die Abhängigkeitsentwicklung als wichtigen, vorübergehend vielleicht sogar zentralen Aspekt einer langfristigen Maladaptationsgeschichte und nicht als störendes Zeitphänomen, dann lassen sich die jeweiligen Inhalte gut in eine psychodynamische Therapieplanung mit einbeziehen. Problematisch ist für den Therapeuten oder die Therapeutin, dass eigene Kindheits- und Jugenderfahrungen mit diesen Medien und Spielen schlicht nicht existent sein können, sodass ein selbstverständlicher Umgang, ein Sicherinnern an eigene und in der eigenen Peergroup gespielte Spiele und Rituale und damit letztlich ein Abgleich nicht oder kaum möglich sind.

Es dürfte in diesem Zusammenhang gerade der psychodynamisch-verstehende Zugang sein, der es dem Patienten gemeinsam mit dem Therapeuten ermöglicht, von Teilen der Umwelt als fremd und eigenartig erlebte Handlungsweisen in der virtuellen Welt differenziert zu verstehen, schrittweise in die Therapie zu integrieren und damit insgesamt die Regulationsfähigkeit in beiden verwobenen Welten in der gelebten Beziehung zum real existierenden Therapeuten wiederherzustellen oder grundsätzlich zu entwickeln. Die aktiven Belohnungssysteme der Spiele, aber auch der Social-Media-Anwendungen und des stundenlangen YouTube-Video-Schauens müssen schrittweise in eine echte zwischenmenschliche Interaktion »rück-übertragen« werden, denn oftmals ist es den Klientinnen und Klienten kaum mehr möglich, zu realen, nicht quantifizierbaren und nicht virtuell beeinflussbaren Individuen Kontakt aufzunehmen und diesen dann auch in konfliktuösen Situationen zu halten. Es werden zwar tausendfach Konflikte in Form von Kämpfen, Rangfolgen, Bewertungen und anderem durchgespielt, deren in realer Interaktion mit relevanten Bezugspersonen stattfindende strukturbildende Funktion bleibt aber weitgehend aus. Dem repetitiven Durchspielen beispielsweise von Ohnmachts- und Omnipotenzerleben steht das reflektierte Durcharbeiten der Konfliktthemen gegenüber.

Die mittlerweile auch neurobiologisch gesicherten Phänomene der Belohnungssteuerung und der Angstauslösung sowie des Cravings (umfassend Greenfield, 2015) korrelieren mit psychodynamischen Überlegungen und Konzeptionen. Eine unbewusst genutzte und extrem schnell verfügbare lustvolle Kompensation negativer Gefühle und verdrängter Konflikte ist durch viele Spiele, aber auch Social-Media-Anwendungen ein zentraler Mechanismus der Abhängigkeitsentwicklung (Boyd, 2014; Bilke-Hentsch et al., 2014; Te Wildt, 2015). Tiefer liegende Konflikte oder Strukturdefizite bilden sich in der Spielwelt ebenso wie in den Konsummustern szenisch ab und können so verstanden und (um-)gedeutet werden. Dazu bedarf es des szenischen Verstehens auch der in den Spielen symbolisierten Inhalte, also der Narrative der Spiele. Hier kann auch einmal der Klient als Experte den Therapeuten anleiten, aber der Therapeut kann sich auch – wie er es in anderen Wissensbereichen auch tun würde – von Fachexperten wie Game-Designern und Spielekritikern externes Wissen aneignen und dieses dann reflektiert in die Beziehung zum Klienten oder zur Klientin einfließen lassen.

7.3.2 Beziehungs- und Bindungsaspekte

Folgt man der Logik der OPD-KJ, lassen sich bei allen elektronischen Medienaktivitäten sowohl prosoziale als auch maladaptive Beziehungsmuster analog der realen, sogenannten »Offline-Welt« beschreiben und in ihrer möglichen pathologischen Bedeutung interpretieren.

Es gibt einen zentralen für therapeutische Zwecke wichtigen Unterschied: In der Online-Welt lassen sich maladaptive, destruktive und hochgradig aggressive ebenso wie sexuell auffällige Beziehungsgestaltungen wesentlich leichter, preisgünstiger, immerzu verfügbar, kaum bestrafbar und vor allem jederzeit neu beginnbar (»Neustart«) gestalten. Dies ist insbesondere für junge Menschen mit ihrem noch reduzierten Zugang zu gesellschaftlichen Ressourcen und ihrer stärkeren Kontrollsituation insgesamt von höchster Bedeutung.

Insbesondere durch die Nutzung sozialer Netzwerke lassen sich Beziehungsmuster und Beziehungsangebote von Jugendlichen im Sinne des Probehandelns unmittelbar in ihrer Auswirkung auf die anderen medialen Interaktionsteilnehmenden bewerten.

Die »Gefällt mir«-Reaktion, etwa bei Facebook, oder im Chat die direkte sprachliche und bildbezogene Reaktion potenziell Tausender anderer ermöglicht es einem Jugendlichen zeitnah, jegliches, auch experimentelles Beziehungsmuster probehandelnd ins Netz zu stellen. Die jeweiligen, teilweise innerhalb von Sekunden eintreffenden Reaktionen werden wieder bewertet und das eigene Verhalten sofort adaptiert.

Im Gegensatz zur »Offline-Welt« ist aber das reflektierende und Feedback gebende Gegenüber nicht nur im eigenen Freundes- und Familienkreis zu finden (wobei der elektronische Kontakt der meisten Kinder und Jugendlichen primär mit ohnehin bekannten Personen stattfindet), sondern vielmehr auch in einer anonymen und pseudonymen Benutzerwelt.

7.3.3 Konfliktthemen

Die Konfliktthemen, die die Entwicklung von Jugendlichen bestimmen, sind einerseits entwicklungspsychologische Herausforderungen und selbstverständlich zu lösende Entwicklungsaufgaben, andererseits können sie Hinweise auf tiefer liegende intrapsychische und die Entwicklung hemmende Konflikte geben. Die sorgfältige Analyse der vom Jugendlichen und jungen Erwachsenen benutzten Spiele und anderen elektronischen interaktiven Tätigkeiten kann Hinweise auf zugrunde liegende intrapsychische Konflikte geben. Insbesondere wenn die Spieltätigkeit nicht altersentsprechend ist (16-jähriger Junge spielt intensiv Nintendo DS Tierarztpraxis oder Hundepflege) oder auffällig nicht den üblichen Geschlechtsstereotypen entspricht (achtjähriges Mädchen spielt stundenlang Ego-Shooter-Spiele), gibt dies Hinweise auf thematische Fixierungen, die je nach Spielinhalt und Gestaltung ausgelebt werden. Hierbei gilt es, insbesondere jenen Spielen Aufmerksamkeit zu schenken, die den Spieler langfristig und komplex in eine interaktionelle Dynamik einweben, die ihrerseits eigene zu befriedigende Anforderungen stellt (Turkle, 2011) mit der Folge der sozialen Isolation und Scheingemeinsamkeit (»alone together«).

Auch wenn ein Individuum den Laptop, das Tablet und das Smartphone und seine Anwendungen in Aktion setzt, aktivieren PC-Spiele ebenso wie computergesteuerte Spielzeuge von »sich« aus (d. h. von ihrem Betriebssystem und ihren Algorithmen aus) durch Ton- und Lichtsignale sowie Vibration die emotionale Bereitschaft des Spielers und weisen ihn auf in einer bestimmten Zeit zu lösende Aufgaben hin. Im Gegensatz zum Fernsehen handelt es sich bei PC-gestützten interaktiven Medien in keiner Weise um »Einbahnstraßen der Kommunikation«. Der Computer ist, um mit Frank Schirrmacher (2013) zu sprechen, »kein Medium, sondern ein Akteur«.

Neben den Autorenn-Spielen, Fußballspielen und Gewaltspielen gibt es eine es Vielzahl von »Versorgungsspielen«, wie Farmerama, Teile der Spielegruppe SIMS, aber auch viele Nintendo-DS-Spiele (z. B. Nintendogs), die das große Thema der Versorgung, der Betreuung und des Aufmerksamseins zum Inhalt haben. Im Sinne der operanten Konditionierung wird das Belohnungssystem der Spieler intermittierend aktiviert, indem bestimmte moralisch gute Aufgaben gestellt werden, die innerhalb bestimmter Zeitfristen zu lösen sind. Trifft dies auf die entsprechende Konfliktstruktur des Nutzers oder der Nutzerin, ergibt sich eher eine Problematik, als wenn es sich um reines Spielen und Ausprobieren handelt.

Häufig wird auch das Scham- und Verantwortungsgefühl aktiviert, sich um Pflanzen, kleine Tiere oder andere prinzipiell positiv besetzte Zusammenhänge und virtuelle Individuen zu kümmern. Die ständige Aktivierungsbereitschaft, Alarmierbarkeit und damit verbundene Aufmerksamkeitsbeeinträchtigung seien hier nur am Rande erwähnt.

Neben den Versorgungskonflikten können Themen wie Über-Ich- und Schuldkonflikte etwa bei komplizierten, langwierigen Mehrpersonenspielen, bei denen man sich einer bestimmten Gruppe verpflichtet hat, die Problematik bestimmen sowie in schweren Fällen auch Autonomie- und Unabhängigkeitskonflikte, wenn der Patient davon überzeugt ist, letztlich ausschließlich im Netz und im virtuellen Raum zu existieren und bei Unterbrechung oder Schädigung eben dieses Raums ein Gefühl der völligen Zerstörung, Einsamkeit und schweren Depression zu erleben. Die Ausprägung dieser Konflikte kann maßgeblich die Therapie- und Veränderungsbereitschaft des Patienten bestimmen.

An dieser Stelle wird deutlich, dass rein quantitative Zugänge (etwa Mediennutzungszeiten pro Tag oder Woche) und prohibitive und von außen strukturierende Ansätze (Softwarefilter, Zeitsperren) sich oberflächlich von einer rein pädagogischen Seite den Phänomenen nähern. Sie stellen aber sicher für die meisten gesunden Intensivnutzer eine wichtige erzieherische Kontextmarkierung dar. Für beeinträchtigte Intensivnutzer, die pathologischen Intensivnutzer und die süchtigen Internet- und Mediennutzer sind diese Maßnahmen aber unzureichend, da sie nicht auf tiefer liegende Konflikte, Beziehungsmuster und Motivationen eingehen können.

7.3.4 Strukturelle Themen

Betrachtet man die psychische Struktur im Sinne der OPD-KJ-2 als dynamische psychische Aktivität der Auseinandersetzung des Individuums mit seiner realen (und virtuellen) Umwelt auf dem Boden erlebter Interaktionserfahrungen, bedeutet Strukturbildung in den frühen Altersphasen immer die Fähigkeit, zu differenzieren, zu integrieren, letztlich zu regulieren. Voraussetzung dafür ist eine innere Distanzierungsfähigkeit zu den Objekten und wichtigen Bezugspersonen.

Strukturbildung ist eng mit emotionaler Steuerungsfähigkeit, einem gelingenden Selbst- und Objekterleben sowie bezogener Kommunikationsfähigkeit verbunden.

Andere Menschen in ihren Eigenarten und Eigenheiten, seien es nun die primären Bezugspersonen, Pflegepersonen, Geschwister, Freunde, Kindergärtnerinnen oder Lehrer, als prinzipiell vom Individuum unabhängige, eigene Persönlichkeiten zu erkennen, ist für die Identitätsentwicklung wichtig. Ebenso wie zu erkennen, dass diese durch das sich entwickelnde Kind und den Jugendlichen nur begrenzt beeinflusst werden können.

In der virtuellen Welt ist es dem jugendlichen Nutzer möglich, sich durch eine gezielte Auswahl, Kreation und Manipulation seiner jeweiligen Interaktionspartner genau jene Kombination aus algorithmisierten »Kontaktpersonen« auszuwählen, die der jeweiligen aktuellen Stimmungslage, dem zugrunde liegenden Konfliktmuster und den jeweils ausgeprägten Beziehungsmustern »angemessen« ist. Die Auseinandersetzung mit real existierenden Personen in ihrer Vielschichtigkeit kann ebenso reduziert werden wie die Notwendigkeit, im interaktionellen Kontext Affekte zu regulieren. Wenn das Kind sich Spiel- und Kommunikationssituationen aussucht, in denen Affektregulation keine Rolle spielt und beispielsweise aggressive oder auch sexuelle Affektdurchbrüche Ziel des Spiels und der Aktivitäten sind, sind strukturbildende Kontroll- und Regulationsfunktionen behindert.

Gesunde, sogenannte medienkompetente Kinder und Jugendliche suchen einen ständigen Abgleich zwischen der realen Welt und den relevanten Personen der virtuellen Welt, was sich auch darin zeigt, dass die virtuelle Welt häufig gemeinsam mit gut bekannten realen Personen und Freunden besucht wird und die Aufmerksamkeit hierauf geteilt wird. Es sind die Mediensucht-gefährdeten späteren Patienten und Patientinnen, die sich aktiv ihre persönliche virtuelle Welt als Gegenwelt, Scheinwelt und irgendwann dann überreale Erstwelt konstituieren und im realen Leben nur noch »existieren«.

7.4 Weitere Therapieoptionen

7.4.1 Pharmakotherapie bei stoffgebundenen Süchten
Bilke-Hentsch und Reis (2019) fassen die aktuellen pharmakologischen Optionen auch auf dem Boden der S3-Leitlinien Alkohol der AWMF zusammen: »Grundsätzlich ähnelt die symptomorientierte Pharmakotherapie bei suchtkranken Jugendlichen der bei Erwachsenen. Akzeptanz und Kooperation sind ein wichtiges und problematisches Thema bei Jugendlichen. Die Erarbeitung einer langfristigen Compliance steht vor kurzfristigen Anfangserfolgen.«

In der Anfangsphase sind mehrere eingehende Gespräche über die Notwendigkeit einer Pharmakotherapie zu führen, ist die Dosis nach klinischem Bild anzupassen und eine häufige grundsätzliche Skepsis gegenüber »Chemie« abzubauen. Man muss stets bedenken, dass ein Teil der etwa schizophren erkrankten Klienten oder auch der Patienten mit ADHS zum Beispiel Cannabis als »Selbstmedikation« für sich gefunden hat und nur mühsam Abschied von dieser scheinbaren Lösung findet.

Auch beim Drogen konsumierenden Jugendlichen ist der primäre Einsatz atypischer Antipsychotika zur Behandlung psychotischer Symptome gemäß den aktuellen Leitlinien indiziert. Die (Weiter-)Behandlung eines ADHS stellt im Kontext von Suchterkrankungen eine besondere Herausforderung dar. Hier ist die Kosten-Nutzen-Gefahren-Abwägung in mehreren Therapieschritten je nach Entwicklungsphase und Anforderung (Entzug – Entgiftung – Reintegration in die Arbeitswelt) mehrfach durchzuführen.

Eine signifikante Entzugssymptomatik im Jugendalter – die überwiegend beim Konsum illegaler Drogen, nur selten bei überhöhtem Alkoholkonsum auftritt – sollte in ähnlicher Weise wie bei Erwachsenen behandelt werden. Eine medikamentöse Verminderung der Entzugssymptomatik stellt bei jugendlichen Patienten, insbesondere bei Psychotikern, keine Ultima Ratio, sondern eine Behandlung lege artis dar.

Bei pathologischem Medien- und Internetgebrauch gibt es einzelne kleine Studien mit SSRIs und anderen letztlich impulshemmenden Medikamenten, wobei sich dieses Feld noch völlig am Anfang befindet.

7.4.2 Kognitiv-behaviorale Ansätze

Die verhaltenstherapeutischen Ansätze sind zum aktuellen Zeitpunkt am weitesten elaboriert, empirisch überprüft und manualisiert. Sie verbinden bewährte Methoden der Behandlung der Glückspielsucht mit medienbezogenen Aspekten, etwa der Interaktivität und des dysfunktionalen sozialen Engagements. Die Therapie integriert einzel- und gruppentherapeutische Sitzungen meist im ambulanten oder teilstationären Setting, da die natürliche Umgebung und auch das Erleben von kritischen, rückfallauslösenden Situationen für die Therapie hilfreich sind. In den ambulanten Gruppen und auch in der Einzeltherapie werden kognitiv-behaviorale Therapietechniken wie die Erarbeitung eines individuellen Störungsbildes, die Veränderung schädlicher kognitiver Grundüberzeugungen, der Aufbau alternativer, unschädlicher Aktivitäten und Training zur Rückfallprophylaxe angewandt. Die Technik der kognitiven Umstrukturierung bildet den zentralen Bestandteil der kognitiven Verhaltenstherapie. Dabei wird auf die zentralen dysfunktionalen Grundgedanken fokussiert, die insbesondere Craving und Rückfälle in spezifischen Situationen auslösen können. In Verbindung mit lebensgeschichtlichen kritischen Ereignissen lässt sich aus den wiederholten maladaptiven kognitiven Mustern ein adäquates Störungsmodell erarbeiten, aus welchem sich weitere Therapieziele und Interventionen ableiten lassen. Besonders relevant sind mehrere Sitzungen mit Angehörigen, um das durch die

Sucht entstandene Misstrauen auf beiden Seiten wieder in eine konstruktive Problembewältigung zu überführen.

7.4.3 Systemische Therapieansätze

Unter systemischem Aspekt hat insbesondere die Arbeitsgruppe um Franz Eidenbenz aus Zürich ein Konzept vorgelegt, das systemisch-lösungsorientierte Aspekte mit denen von Medienpädagogik und psychodynamischem Verständnis verbindet (Eidenbenz, 2015). Internetabhängigkeit wird hier (auch) als familienimmanentes und transgenerationales Problem verstanden, das nur in familiärem Kontext hinreichend gut gelöst werden kann. Zur breiteren Darstellung systemtherapeutischer Überlegungen siehe Bilke-Hentsch (2018).

8 Methodenintegration und Adaptation als Langzeitaufgabe von Praxis, Klinik und Forschung

Unbestritten ist, dass bei mehrfach auffälligen Jugendlichen und jungen Erwachsenen mit schwieriger Familien- und individueller Leidensgeschichte, die in ambulanter oder stationärer Psychotherapie sind, ein Mehrebenenzugang in der Therapie vonnöten ist (Gahleitner, Wahlen, Bilke-Hentsch u. Hillenbrand, 2013). Dieser Zugang ist nur durch eine ebenfalls multiaxiale und multidimensionale Diagnostik zu fundieren, die neben den aktuellen Auffälligkeiten oder Symptomen schwerer zugängliche Langzeitphänomene, wie etwa Teilleistungsstörungen oder innerpsychische Konflikte, bearbeitet. Hierbei sind die einzelnen diagnostischen Bausteine so auf den Patienten oder die Klientin abzustimmen, dass im Sinne einer auf die Pathografie und Biografie zugeschnittenen gezielten Auswahl von wichtigen Beobachtungsbereichen eine ausreichend hypothesengeleitete und fokussierte Diagnostik angelegt wird. Dies sollte aber nicht im Sinne eines rigiden, nahezu enzyklopädischen Abarbeitens von Diagnoselisten und Testbatterien stattfinden. Es ist also stets für den Einzelfall eine Balance zwischen Vollständigkeit und Spezifizierung zu finden, was sich im multiprofessionellen Team unter Supervision (auch der Diagnostik) gut erreichen lässt.

Aus der multiaxialen Diagnostik kann ein sequenzieller Therapieplan folgen – auf dem Boden einer Hierarchisierung einzelner Therapieziele. So könnten zunächst pharmakologische und sozialtherapeutische Maßnahmen im Vordergrund stehen, um auf milieutherapeutischer Ebene die Basis für eine vertiefte Psychotherapie herzustellen.

Der Therapeut ist kontinuierlich in mehreren Rollen gefordert, sich für den Patienten mit dessen realer und heute auch virtueller

Bezugswelt, ihrer, auch phantasierter Beschaffenheit und ihren realen wie befürchteten Veränderungen auseinanderzusetzen, seinen Methodenfundus sowohl auf bewährter, evidenz- und empiriebasierter als auch auf innovativer und kreativer Ebene stetig zu erweitern und zu festigen.

9 Zukunftsthemen

Die digitale Revolution und die permissive spätmoderne Gesellschaft mit ihren vielfältigen Vorteilen und Gefährdungen stellen Kinder, Jugendliche und junge Erwachsene sowie deren Familien und ihre Hilfspersonen vor erhebliche Herausforderungen. Es ist mittlerweile nicht mehr möglich, diese Thematik zu negieren. Es bedarf der eigenen Beschäftigung damit, die auf verschiedenen fachlichen Ebenen erfolgen kann.

Es geht für die Fachpersonen aus dem psychotherapeutischen, sozialmedizinischen Bereich weniger um eine tagesaktuelle Detailkenntnis, beispielsweise der neuesten Updates von Spielen oder der neuesten Straßennamen von Modedrogen, sondern um Grundkenntnisse der Suchtentwicklung, der Lern- und Leistungsstörungen sowie vor allem der Funktionalität moderner Medien und Substanzeinnahme im Kontext jugendpsychiatrischer Störungen und heute »normaler« Entwicklungen.

Zunehmend wird auch in der Therapie der Tatsache Rechnung zu tragen sein, dass die heutige Elterngeneration ebenfalls eine langjährige intensive interaktive Medien- und Suchtmittelgeschichte hat. Ein Mehrgenerationenansatz ist daher naheliegend. Dabei bedenke man zur Rolle der Sorgeberechtigten auch: Ein rechtlich verbindlicher Handyvertrag kann nur von einem Volljährigen abgeschlossen werden, kein Minderjähriger ist somit de jure Eigentümer eines Handyvertrags. Ebenso gelten umfangreiche Jugendschutzgesetze für Minderjährige, denen Alkohol- und Drogenkauf weitgehend untersagt ist.

Letztlich ist pragmatisch und dynamisch zu unterscheiden zwischen sozialen und soziologischen Phänomenen einer sich epochal wandelnden Gesellschaft (der Soziologe Ulrich Beck spricht von der »Metamorphose der Welt«, 2016) und den ernsthaften klinischen Problemfällen, die ein integriertes Vorgehen auf dem Boden eines psychodynamischen Verständnisses notwendig machen.

Literatur

Adams, J. M., Miller, T. W., Kraus, R. F. (2003). Exercise dependence: Diagnostic and therapeutic issues for patients in psychotherapy. Journal of Contemporary Psychotherapy, 33 (2), 93–107.
Aiken, M. (2017). Cyber effect. London: John Murray.
APA – American Psychiatric Association (1981). Diagnostic and Statistical Manual of Mental Disorders. DSM-III. Washington, DC: American Psychiatric Association.
APA – American Psychiatric Association (2013). Diagnostic and Statistical Manual of Mental Disorders (DSM-5®). Washington, DC: American Psychiatric Pub.
APA – American Psychiatric Association (2018). Diagnostisches und Statistisches Manual psychischer Störungen – DSM-5®. Göttingen: Hogrefe.
Arbeitskreis OPD-KJ-2. (2016). OPD-KJ-2 – Operationalisierte Psychodynamische Diagnostik im Kindes- und Jugendalter. Grundlagen und Manual (2., überarb. Aufl.). Bern: Hogrefe.
Beck, U. (2016). Die Metamorphose der Welt. Frankfurt a. M.: Suhrkamp.
Bilke-Hentsch, O. (2018). Internet- und medienbezogene Störungen. In U. Borst, B. von Sydow (Hrsg.), Systemische Therapie in der Praxis (S. 564–574). Weinheim: Beltz.
Bilke-Hentsch, O., Aden, A., Lemenager, T. (2014). Pathologischer Internet- und Mediengebrauch bei Jugendlichen. psychup2date, 77–94.
Bilke-Hentsch, O., Reis, O. (2019). Kinder und Jugendliche. In Soyka, M., Batra, A., Heinz, A.; Moggi, F.; Walter, M. (Hrsg.), Suchtmedizin (S. 349–357). München: Elsevier/Urban & Fischer.
Bilke-Hentsch, O., Seiffge-Krenke, I., te Wildt, B. T. (2013). Psychodynamische Grundlagen der interdisziplinären Therapie von pathologischem Mediengebrauch bei Jugendlichen. Suchttherapie, 14 (S 01), P5.
Bilke-Hentsch, O., Wölfling, K., Batra, A. (Hrsg.) (2014). Praxisbuch Verhaltenssucht. Symptomatik, Diagnostik und Therapie bei Kindern, Jugendlichen und Erwachsenen. Stuttgart: Thieme.

Boyd, D. (2014). Es ist kompliziert. Das Leben der Teenager in sozialen Netzwerken. München: redline.

Bravo (2009). Liebe, Körper und Sexualität. Verfügbar unter https://www.bravo.de/dr-sommer/dr-sommer-studie-2009-liebe-koerper-sexualitaet-175335.html (Zugriff am 18.03.2019).

Breuer, C. (Hrsg.) (2015). Sportentwicklungsbericht 2013/2014: Analyse zur Situation der Sportvereine in Deutschland. Hellenthal: Sportverlag Strauß.

Briken, P. (2016). Das Konstrukt »sexuelle Sucht« im Zusammenhang mit forensisch psychiatrischen Fragestellungen. The construct of sexual addiction and its relation to forensic psychiatry. Forensische Psychiatrie, Psychologie, Kriminologie, 10 (3), 173–180.

BZgA (2001). Drogenaffinitätsstudie der Bundeszentrale für gesundheitliche Aufklärung (BzgA) zum Konsum psychoaktiver Substanzen bei Kindern und Jugendlichen im Alter von 12–24 Jahren. Köln: BZgA.

Die Drogenbeauftragte der Bundesregierung (Hrsg.) (2016). Drogen- und Suchtbericht (Juni 2016). Paderborn: Bonifatius GmbH. https://www.drogenbeauftragte.de/fileadmin/dateien-dba/Drogenbeauftragte/4_Presse/1_Pressemitteilungen/2016/2016_2/160928_Drogenbericht-2016_NEU_Sept.2016.pdf (5.11.2018).

DGKJP Leitlinien. Angemeldete Leitlinien. Verfügbar unter http://www.dgkjp.de/leitlinien-top (Zugriff am 18.03.2019).

Durkee, T., Kaess, M., Carli, V., Brunner, R., Wasserman, D., The SEYLE group (2012). Prevalence of pathological internet use among adolescents in Europe: Demographic and health related risk factors. European Psychiatry, 27, 598.

Eidenbenz, F. (2015). Systemische Therapie bei Internetabhängigkeit – Phasenmodell. Suchttherapie, 15 (4), 179–186.

DSM-5 – Falkai, P., Wittchen, H. U. (2015). DSM-5 – Diagnostisches und Statistisches Manual Psychischer Störungen. Göttingen: Hogrefe.

Gahleitner, S., Wahlen, K., Bilke-Hentsch, O., Hillenbrand, D. (Hrsg.) (2013). Biopsychosoziale Diagnostik in der Jugendhilfe. Stuttgart: Kohlhammer.

Greenfield, S. (2015). Mind change. London: Random House.

Griffiths, M. D., Szabo, A., Terry, A. (2005). The exercise addiction inventory: A quick and easy screening tool for health practitioners. British Journal of Sports Medicine, 39 (6), e30–e30.

Grüßer-Sinopoli, S. M., Thalemann, C. N. (2006). Verhaltenssucht. Diagnostik, Therapie, Forschung. Bern: Huber.

Gürtler, D., Rumpf, H. J., Bischof, A., Kastirke, N., Meerkerk, G. J., John, U., Meyer, C. (2015). Psychometrische Eigenschaften und Normierung

der deutschen Version der Compulsive Internet Use Scale (CIUS). Diagnostica, 61, 210–221.
ICD-10 – Dilling, H., Mombour, W., Schmidt, M. H., World Health Organization (Hrsg.) (1991). Internationale Klassifikation psychischer Störungen: ICD-10, Kapitel V (F, klinisch-diagnostische Leitlinien. Bern u. a.: Huber.
Kleinert, J. (2014). Suchtartiges Bewegungs- und Sportverhalten (S. 168–190). In O. Bilke-Hentsch, K. Wölfling, A. Batra (Hrsg.), Praxisbuch Verhaltenssucht: Symptomatik, Diagnostik und Therapie bei Kindern, Jugendlichen und Erwachsenen. Stuttgart: Thieme.
Lindwall, M., Palmeira, A. (2009). Factorial validity and invariance testing of the Exercise Dependence Scale-Revised in Swedish and Portuguese exercisers. Measurement in Physical Education and Exercise Science, 13 (3), 166–179.
Mann, K. (Hrsg.) (2014). Verhaltenssüchte. Grundlagen, Diagnostik, Therapie, Prävention. Berlin u. Heidelberg: Springer.
Medienpädagogischer Forschungsverbund Südwest (2016). JIM/KIM-Studien. www.mpfs.de (8.3.2019).
Müller, A., Böning, J., De Zwaan, M. (2014). Pathologisches Kaufen. In K. Mann (Hrsg.), Verhaltenssüchte. Grundlagen, Diagnostik, Therapie, Prävention (S. 59–68). Berlin u. Heidelberg: Springer.
Oerter, R., Montada, L. (1987). Entwicklungspsychologie. Ein Lehrbuch (2. Aufl.). München u. Weinheim: Psychologie Verlags Union.
Orth, B. (2016). Die Drogenaffinität Jugendlicher in der Bundesrepublik Deutschland 2015. Rauchen, Alkoholkonsum und Konsum illegaler Drogen: aktuelle Verbreitung und Trends. BZgA-Forschungsbericht. Köln: Bundeszentrale für gesundheitliche Aufklärung.
Pabst, A., Kraus, L., Matos, E. G. D., Piontek, D. (2013). Substanzkonsum und substanzbezogene Störungen in Deutschland im Jahr 2012. Sucht, 59 (6), 321–331.
Peukert, P., Batra, A. (2012). Achtsamkeitsbasierte Verfahren im Rahmen der dritten Welle der Verhaltenstherapie. Verhaltenstherapie: Grundlagen – Methoden – Anwendungsgebiete, 314.
Rehbein, F., Baier, D., Kleimann, M., Mößle, T. (2015). Computerspielabhängigkeitsskala CSAS – Ein Verfahren zur Erfassung der Internet Gaming Disorder nach DSM-5. Göttingen: Hogrefe.
Remschmidt, H., Schmidt, M., Poustka, F. (2017). Multiaxiales Klassifikationsschema für psychische Störungen des Jugendalters nach ICD-10 der WHO – Mit einem synoptischen Vergleich von ICD-10 und DSM-IV (7. Aufl.). Bern: Hogrefe.

Riedel, R., Büsching, U., Brand, M. (2017). BLIKK-Medien (Bewältigung, Lernverhalten, Intelligenz, Kompetenz, Kommunikation). Kinder und Jugendliche im Umgang mit elektronischen Medien. BLIKK im Überblick. Fact-Sheet. http://www.rfh-koeln.de/sites/rfh_koelnDE/myzms/content/e380/e1184/e29466/e34095/e34098/20161121_BLIKK_Pressemitteilung_Aend_VJ_ger.pdf (4.2.2019).

Rumpf, H. J., Meyer, C., Kreuzer, A., John, U. (2012). Prävalenz der Internetabhängigkeit (PINTA). Bericht an das Bundesministerium für Gesundheit. Verfügbar unter https://www.bundesgesundheitsministerium.de/fileadmin/Dateien/5_Publikationen/Drogen_und_Sucht/Berichte/PINTA-Kurzbericht-Endfassung_140711_korr.pdf (Zugriff am 18.03.2019).

Schirrmacher, F. (2013). Ego. Das Spiel des Lebens. München: Blessing.

Schulte-Markwort, M. (2015). Burnout-Kids. Wie das Prinzip Leistung unsere Kinder überfordert. München: Pattloch.

Shulman, E. P., Smith, A. R., Silva, K., Icenogle, G., Duell, N., Chein, J., Steinberg, L. (2016). The dual systems model: Review, reappraisal, and reaffirmation. Developmental Cognitive Neuroscience, 17, 103–117.

Smith, A. R., Steinberg, L., Strang, N., Chein, J. (2015). Age differences in the impact of peers on adolescents' and adults' neural response to reward. Developmental Cognitive Neuroscience, 11, 75–82.

Te Wildt, B. (2015). Digital Junkies. Internetabhängigkeit und ihre Folgen für uns und unsere Kinder. München: Droemer.

Turkle, S. (2011). Alone together. New York: Basic Books.

Villella, C., Martinotti, G., Di Nicola, M., Cassano, M., La Torre, G., Gliubizzi, M. D., … & Conte, G. (2011). Behavioural addictions in adolescents and young adults: Results from a prevalence study. Journal of Gambling Studies, 27 (2), 203–214.

WHO – World Health Organization (2018). ICD-11 Beta Draft Website. Verfügbar unter https://icd.who.int/browse11/l-m/en#/http%3a%2f%2fid.who.int%2ficd%2fentity%2f1602669465 (Zugriff am 18.03.2019).

Wölfling, K., Beutel, M. E., Müller, K. W. (2016). OSV-S – Skala zum Onlinesuchtverhalten. In K. Geue (Hrsg.), Diagnostische Verfahren in der Psychotherapie (Diagnostik für Klinik und Praxis). [English title: AICA-S – Scale for the Assessment of Internet and Computer Game Addiction; Diagnostic measures in psychotherapy] (S. 362–366). Göttingen: Hogrefe.

Young, K. S. (1998). Internet addiction: The emergence of a new clinical disorder. Cyberpsychology & Behavior, 1 (3), 237–244.